Wie gelangt ein Unfallverletzter zu einer Entschädigung?

Ein Führer durch das Unfallversicherungsverfahren.

Mit Mustern für Eingaben
und einem Verzeichnis unentgeltlicher Rechtsauskunftstellen.

Von

Dr. Rudolf Schlottmann

Regierungsrat und ständigem Mitglied des Reichsversicherungsamts

Berlin
Verlag von Julius Springer
1914

ISBN-13978-3-642-98256-9 e-ISBN-13:978-3-642-99067-0
DOI: 10.1007/978-3-642-99067-0

Inhaltsverzeichnis.

Abkürzungen und Erläuterungen.

Die Zahlen am Rande bedeuten die Paragraphen der Reichsversicherungsordnung.

E 60 bedeutet Artikel 60 des Einführungsgesetzes zur Reichsversicherungsordnung.

B.G. = Berufsgenossenschaft.

V.A. = Versicherungsamt.

O.V.A. = Oberversicherungsamt.

R.V.A. = Reichsversicherungsamt.

O.V.A.V. = Verordnung über Geschäftsgang und Verfahren der Oberversicherungsämter, vom 24. Dezember 1911 (Reichs-Gesetzblatt 1911 S. 1095, Amtliche Nachrichten des Reichsversicherungsamts 1912 S. 300).

G.V.R.A. = Verordnung, betreffend die Gebühren der Rechtsanwälte im Verfahren vor den Versicherungsbehörden, vom 24. Dezember 1911 (Reichs-Gesetzblatt 1911 S. 1094, Amtliche Nachrichten des Reichsversicherungsamts 1912 S. 321).

R.V.A. 2. 11. 12 = Ausführungsbestimmungen des R.V.A.s über die Zahlung der Unfallentschädigung, vom 2. November 1912 (Amtliche Nachrichten 1912 S. 957).

Bek. 21. 12. 12 = Bekanntmachung des Reichskanzlers über die Abfindungen für Unfallrenten, vom 21. Dezember 1912 (Zentralblatt für das Deutsche Reich 1913 S. 26, Amtliche Nachrichten des Reichsversicherungsamts 1912 S. 1095).

Bek. 17. 11. 13 = Bekanntmachung des Reichskanzlers, betreffend die Befreiung vorübergehender Dienstleistungen von der Krankenversicherungspflicht, vom 17. November 1913 (Reichs-Gesetzblatt 1913 S. 756, Amtliche Nachrichten des Reichsversicherungsamts 1913 S. 802).

Einleitung.

Am 1. Januar 1913 ist die Reichsversicherungsordnung für das Gebiet der Unfallversicherung in Kraft getreten. Sie hat das Verfahren in Unfallversicherungssachen wesentlich geändert und zum großen Teil vereinfacht. Aber auch da, wo neue Förmlichkeiten eingeführt worden sind, dienen sie dazu, den gegen Unfall versicherten Personen (S. 3, 4)*) die Verfolgung ihrer Unfallrentenansprüche zu erleichtern. Im großen und ganzen zeichnet sich noch heute das Verfahren in Unfallversicherungssachen vor jedem anderen Prozeßverfahren durch Einfachheit aus. Allerdings kann auch hier auf die Beobachtung gewisser Förmlichkeiten nicht verzichtet werden. Denn sonst würde der Willkür der Parteien leicht Tor und Tür geöffnet, und die ordnungsmäßige Erledigung der Streitigkeiten könnte gefährdet werden. Deshalb muß z. B. der Verletzte, der mit einer in dem Verfahren ergangenen Entscheidung nicht zufrieden ist, das gegen diese Entscheidung zulässige Rechtsmittel (Einspruch, Berufung, Rekurs) binnen der Frist von einem Monat, nachdem ihm die Entscheidung zugestellt ist, einlegen (S. 43, 53, 68); sonst wird die Entscheidung unanfechtbar und unabänderlich („rechtskräftig“). Man ist aber bestrebt gewesen, die Formvorschriften auf das unumgänglich notwendige Maß zu beschränken. Man will den Volksklassen, für welche die Unfallversicherung geschaffen ist, eine persönliche Wahrnehmung ihrer Rechte ermöglichen, trotz der gerade diesen Volksklassen in der Regel eigenen geringen Geschäftsgewandtheit und Unkenntnis der Gesetze. Auch soll in jedem einzelnen Falle der Sachverhalt nicht so,

---

*) oder den sonst Berechtigten, z. B. den bedürftigen Eltern des infolge 593, 950,
Betriebsunfalls verstorbenen Arbeiters, der sie wesentlich aus seinem Arbeits- 1098
verdienst unterstützt hat, oder den sonstigen Hinterbliebenen (Witwe, Kinder 588, 950,
unter 15 Jahren), die durch tödlichen Betriebsunfall ihres Ernährers beraubt 1098
sind und deshalb Entschädigung („Hinterbliebenenrente“) verlangen. *Diese Angehörigen haben sich in dem Verfahren so zu verhalten, wie sich der Verletzte selbst zu verhalten hätte.* In den weiteren Ausführungen wird deshalb der Einfachheit halber nur von dem Verletzten gesprochen werden.

wie ihn die Parteien — vielleicht unrichtig — der entscheidenden Stelle darstellen, sondern so, *wie er wirklich ist*, aufgedeckt werden. Dies ließ sich aber nur durch ein möglichst einfaches Verfahren erreichen; denn je mehr Formvorschriften eine Partei in einem Verfahren zu beobachten hat, desto mehr läuft sie Gefahr, ihr Recht zu gefährden oder zu verlieren, bloß weil sie die vorgeschriebenen Formen nicht eingehalten hat. Dementsprechend wird der Prozeß grundsätzlich nicht durch die Parteien, sondern *von Amts wegen betrieben*. Im Anfang des Verfahrens werden allerdings alle Maßnahmen, die zur Feststellung der Entschädigung erforderlich sind, von der Berufsgenossenschaft (B.G.)*) getroffen, obwohl diese selbst Partei ist, gegen die sich die Ansprüche des Verletzten richten. Die B.G. ist also zunächst nicht nur Partei, sondern erfüllt zugleich öffentlichrechtliche Aufgaben. Damit dem Verletzten dadurch nicht Nachteile entstehen, ist ihm das Recht gegeben, im späteren Verlauf des Verfahrens das Versicherungsamt (S. 48), eine von der B.G. unabhängige Behörde, anzurufen. Gelangt aber das Verfahren vor die den B.G.en übergeordneten Spruchbehörden, so steht den B.G.en lediglich die Stellung einer Partei zu, während die Entscheidung von den Behörden getroffen wird. **Den durch Betriebsunfall Verletzten selbst ist im wesentlichen nur überlassen, das Verfahren anzuregen, d. h.**

1. **ihren Entschädigungsanspruch anzumelden** (siehe S. 8 ff.),
2. **die ihnen ungünstigen Entscheidungen anzugreifen** (durch Einlegung von Rechtsmitteln; siehe S. 43, 53, 68).

Im übrigen kann ihnen nur geraten werden, die ihnen im Laufe des Verfahrens zugehenden **Schriftstücke aufmerksam durchzulesen.** Diese Schriftstücke geben ihnen die nötige Aufklärung darüber, was sie zu tun haben. Namentlich die B.G.en sind durch Gesetz und Rechtsprechung verpflichtet, in ihren Bescheiden den

---

623 ff., 957, 1119 *) Außer den B.G.en gibt es für die Unfallversicherung noch andere „Versicherungsträger", so z. B. für die fiskalischen Post-, Telegraphen-, Heeres-, Eisenbahnbetriebe das Reich und die einzelnen Bundesstaaten und für Eigenbauarbeiten die für leistungsfähig erklärten Gemeinden und Körperschaften. Bei diesen werden die Rechte und Pflichten, die sonst Organen der B.G.en
892, 1033, 1218 obliegen, durch sog. „Ausführungsbehörden" (jetzt schon mehrere hundert) wahrgenommen. Bei ihnen ist das Verfahren entsprechend. Im folgenden ist der Kürze halber nur von den B.G.en die Rede, da diese zumeist in Frage kommen.

Verletzten die weitgehendste Aufklärung und Belehrung zu erteilen (S. 23f., 51f.).

Bei dieser einfachen Gestaltung des Verfahrens ist es den Verletzten möglich, sich in einem Rechtsstreit mit den B.G.en, ohne sich zu schädigen, gewöhnlich selbst zu vertreten und auf die Hilfe von gewerbsmäßigen Schreibern zu verzichten, die oft nur aus Gewinnsucht die Ratsuchenden zu kostspieligen, vielfach aussichtlosen Maßnahmen verleiten. Daß auch der einfache Arbeiter sich selbst zu helfen imstande ist, wird aus den folgenden Ausführungen noch klarer hervorgehen. In diesen Ausführungen soll vor allem dargelegt werden, was der Verletzte wissen muß, um dem Verfahren den Anstoß zu geben. Darüber hinaus soll er aber dieses Buch auch zum Nachschlagen benutzen können, um sich darüber zu unterrichten, was er sonst noch tun darf und lassen muß Er wird dabei zugleich darüber belehrt, in welcher Weise ihm der Gesetzgeber allenthalben die Wege zur Wahrung seiner Rechte geebnet hat. Auf eine Erörterung zweifelhafter Fragen, zu denen die Reichsversicherungsordnung Anlaß gibt und die erst durch die Rechtsprechung geklärt werden müssen, ist, dem Zweck der Arbeit entsprechend, verzichtet worden. Auf den Leser aber, der sich etwa aus dem Gesetz selbst und den sonst noch in Betracht kommenden Bestimmungen näher unterrichten will, ist insofern Rücksicht ge nommen, als auf das Gesetz und die sonstigen Bestimmungen am Rande verwiesen ist. Sofern die Vorschriften der Reichsversicherungsordnung Neues enthalten, sind die Paragraphenzahlen fett gedruckt.

I. Von wem und auf welchem Wege können Unfallverletzte für die ersten dreizehn Wochen nach dem Unfall Fürsorge verlangen?

Wenn gegen Unfall versicherte Personen (Arbeiter, Gesellen, 544, 923
Gehilfen, Lehrlinge in bestimmten Betrieben*), auch wenn

*) namentlich Bergleute, Fabrikarbeiter, ferner Hütten- und Bauarbeiter, 537, 538
Schlosser, Schmiede, Fleischer, Eisenbahn-, Post- und Telegraphenarbeiter, Schiffer und Fischer, Chauffeure, Stallbedienstete, Fuhrleute, Angestellte (auch Verkäufer) in Ladengeschäften, deren Betrieb über den Umfang des Kleinbetriebs hinausgeht, sowie landwirtschaftliche Arbeiter. 915 ff.

sie, z. B. als Verwandte des Betriebsunternehmers, keinen Barlohn
oder sonstigen Entgelt erhalten, ferner Betriebsbeamte mit einem
Jahresarbeitsverdienst bis einschließlich 5000 Mark, zuweilen auch
548, 925, 1058 kleine Betriebsunternehmer, namentlich landwirtschaft-
liche) einen Unfall bei ihrer Betriebstätigkeit oder bei einer anderen,
546, 924, 1057 für den Betriebsunternehmer nebenbei ausgeführten privaten
oder gewerblichen Tätigkeit*) erleiden, so haben sie in den ersten
dreizehn Wochen („Wartezeit") noch keinen Anspruch auf Ent-
schädigung gegen diejenigen Körperschaften, die zur Leistung von
Unfallentschädigungen verpflichtet sind, d. h. gegen die B.G.en.
In dieser Zeit liegt die Fürsorge für die Verletzten vielmehr
anderen Verpflichteten ob. Die Verletzten haben sich daher
zunächst an diese Verpflichteten zu wenden.

573, 943 Nr. 1, 1083, 1551 Abs. 2 1. **Für diejenigen Verletzten, die** in der Gewerbe-, landwirt-
schaftlichen oder Seeunfallversicherung gegen Unfall und zugleich
**bei irgend einer Krankenkasse gegen Krankheit versichert sind,
sorgt diese Kasse.** Dies gilt namentlich für Arbeiter — auch
165 unständige und landwirtschaftliche —, Gehilfen, Gesellen, wenn
sie gegen Entgelt beschäftigt werden (aber ohne Rücksicht auf
die Höhe des Entgelts), ferner Lehrlinge und solche Betriebs-
beamte, Werkmeister und höhere technische Angestellte, deren
Jahresarbeitsverdienst 2500 Mark nicht übersteigt. Diesen Personen
hat die Kasse mindestens das, ja sogar mehr als das zu gewähren,
was sie ihren Kranken sonst gewährt, namentlich in allen Fällen
182 und allemal von Beginn der Erkrankung an Kranken-
pflege (d. h. ärztliche Behandlung und Arznei) und bei Arbeits-
unfähigkeit frühestens vom vierten Krankheitstage an, als Ersatz
für den entgehenden Arbeitsverdienst, auch Krankengeld in Höhe
180 des halben „Grundlohns" (Durchschnittstagelohn der Kassenmit-
glieder) mindestens für jeden Arbeitstag und von der fünften Woche
573, 1083 ab in Höhe von zwei Dritteln des Grundlohns („Krankengeldzuschuß",
„Unfallzuschuß") **). Diesen Zuschuß legt die Kasse aber nur aus und
576, 1083 läßt ihn sich von der B.G. ersetzen, wenn diese nach Ablauf der Warte-
zeit überhaupt für die Folgen des Unfalls einzutreten hat, sonst vom

*) z. B. ein Kutscher oder eine hauptsächlich in der Landwirtschaft tätige Dienstmagd werden nebenher in der Hauswirtschaft beschäftigt.

**) Die bei landwirtschaftlichen B.G.en Versicherten erhalten diesen Zuschuß nicht.

Unternehmer. An Stelle der Krankenpflege und des Krankengeldes
kann (aber nicht muß) die Kasse Kur und Verpflegung in einem 184
Krankenhause („Krankenhauspflege") gewähren. Tut sie dies, so
muß sie für die von dem Verletzten bisher überwiegend
unterhaltenen Angehörigen „Hausgeld" im Betrage des halben 186
Krankengeldes zahlen. Die Krankenhauspflege kann die Kasse
ohne weiteres gegen familienlose Verletzte auch ohne deren
Willen anordnen, aber auch bei anderen, z. B. Familienvätern,
soll sie es nach Möglichkeit tun, wenn der Verletzte in seiner Familie
nicht sachgemäß behandelt oder gepflegt werden kann, oder wenn
er ein ansteckendes Leiden hat, oder wenn er wiederholt der Kranken-
ordnung oder den Anordnungen des behandelnden Arztes zuwider-
gehandelt hat oder fortgesetzt beobachtet werden muß. Die land-
wirtschaftlichen Arbeiter haben unter Umständen Anspruch auf 429 ff.
Krankenhausbehandlung, aber in der Regel ohne Krankengeld
und Hausgeld (sog. erweiterte Krankenpflege).

Die Aufsicht über die Krankenkassen führt gewöhnlich das „Ver- 377 (528)
sicherungsamt" (S. 9), in dessen Bezirk die Kasse ihren Sitz hat.
Bei Streit mit der Kasse stellt der Verletzte einen Antrag auf 1636, 1650
Entscheidung bei dem Versicherungsamt, in dessen Bezirk er
zur Zeit des Antrags wohnt oder beschäftigt ist. **Es kommt dann** 1637
zum „Spruchverfahren". Der „Spruchausschuß" des Versiche- 1660
rungsamts entscheidet durch Urteil in mündlicher und öffentlicher
Verhandlung. In gewissen Sachen entscheidet der Vorsitzende
allein, z. B. wenn es sich in dem Streit um Leistungen im Gesamt- 1661
wert von weniger als 50 Mark oder um Sterbegeld handelt. 1657
Der Vorsitzende kann auch in allen Sachen (besonders bei unzu-
lässigen und offenbar ungerechtfertigten Anträgen) ohne mündliche
Verhandlung eine „Vorentscheidung" treffen, gegen die der
Verletzte binnen einem Monat nach Zustellung dieser Entscheidung
Antrag auf mündliche Verhandlung vor dem vollbesetzten Spruch- 1658 (128)
ausschuß stellen oder gleich „Berufung" bei dem für den Bezirk
des Versicherungsamts zuständigen „Oberversicherungsamt" 1675, 1676
(S. 54) einlegen kann. **Gegen das Urteil des Spruchaus-**
schusses ist nur Berufung zulässig. Das auf die Berufung er-
gehende Urteil des Oberversicherungsamts ist durch „Revision"
(S. 69) **bei dem „Reichsversicherungsamt" in Berlin** (nicht zu 1694, 1708
verwechseln mit der „Reichsversicherungsanstalt" für Angestellte

in Berlin-Wilmersdorf) anfechtbar. In Bayern, Sachsen, Baden entscheidet über die Revision, wenn der Bezirk der beteiligten Krankenkasse nicht über das Gebiet des Bundesstaats hinausreicht, das „Landesversicherungsamt". In vielen Fällen ist ihrer ge-
1695 ringeren Bedeutung wegen die Revision ausgeschlossen, namentlich dann, wenn nur streitig ist, ob und in welcher Höhe Kranken-, Haus- oder Sterbegeld zu gewähren ist, oder wenn es sich nur um die Gewährung von Krankenpflege oder um Unterstützungsfälle handelt, in denen der Verletzte weniger als acht Wochen arbeitsunfähig war.

577, 1084 2. Für Unfallverletzte, die ihrer Beschäftigung nach gegen Krankheit versichert sein könnten, es aber aus einem besonderen Grunde nicht sind, z. B. wenn sie als Familienmitglieder unentgeltlich beschäftigt werden, muß der **Unternehmer** sorgen, und zwar **in derselben Weise wie die Krankenkassen** (Ziffer 1), in der See-Unfallversicherung aber erst, wenn die Verletzten keinen Anspruch gegen den Reeder nach Handels- oder Seerecht haben. Auch der Unternehmer kann wie die Krankenkassen in gewissem Umfange Ersatz von der zuständigen B.G. verlangen, wenn diese später überhaupt Unfallentschädigung zu zahlen hat. Trifft dies nicht zu, gewöhnlich also in den leichteren Fällen, in denen die Folgen der Verletzung bald beseitigt sind, trägt er die ganze Fürsorge allein.

1551 Der Verletzte muß den Antrag auf Krankenhilfe bei dem Unternehmer stellen; bei Streit gilt auch hier das „Spruchverfahren" wie zu Ziffer 1.

942 Für solche **land- oder forstwirtschaftlichen** Arbeiter, die zwar gegen Unfall, aber ausnahmsweise nicht gegen Krankheit versichert sind, sorgt die **Gemeinde** des Beschäftigungsorts,
168 z. B. für solche, die nur ausnahmsweise einmal oder nur nebenbei („vorübergehend") Lohnarbeit verrichten und nach den
Bek. 17. 11. 13 Bestimmungen des Bundesrats krankenversicherungsfrei sind, oder für solche Lohnarbeiter, die nur „unständig", d. h. bei einem und demselben Arbeitgeber voraussichtlich für weniger
441 als eine Arbeitswoche, z. B. als Aushilfe beim Mähen, beschäftigt
442 und nicht besonders in das Mitgliederverzeichnis der Krankenkasse eingetragen sind. Die Gemeinde hat aber nur für Arbeiter, nicht auch für landwirtschaftliche Betriebsbeamte oder Betriebsunternehmer zu sorgen. In der See-Unfallversicherung muß

solchen Personen, die nicht gegen Krankheit, aber gegen Unfall bei
der Zweiganstalt der See=B.G. versichert sind (z. B. die Klein=
schiffer und Seefischer), die Krankenhilfe während der Wartezeit 1087, 1186
von der Gemeinde des Betriebssitzes gewährt werden. Auch in
allen diesen Fällen werden Streitigkeiten im Spruchverfahren 1551
(S. 5) ausgetragen.

3. Sonstige Unfallverletzte, die gegen Krankheit nicht versichert
sind, müssen in den ersten dreizehn Wochen nach dem Unfalle für
sich selbst sorgen. Es sind dies namentlich Betriebsbeamte, Werk=
meister und Techniker mit einem Jahresarbeitsverdienst über
2500 Mark und unfallversicherte Betriebsunternehmer, namentlich
die Kleinbauern.

Alle die in den vorstehenden drei Gruppen genannten Personen
haben in den ersten dreizehn Wochen grundsätzlich gegen die B.G.en
keine Ansprüche. Sie können aber mit ihnen in Beziehung kommen.
Denn die B.G.en haben schon in der Wartezeit das Recht, 1513(1516), 579 (600),
die Leistungen der zunächst Verpflichteten (Krankenkassen, 945, 1086,
Unternehmer, Gemeinden) zu übernehmen. Wenn sie den Ver= (1104), 580, 946, 1092
letzten auch erst nach Ablauf der dreizehnten Woche seit dem Unfall
zu entschädigen brauchen, so haben sie doch ein ganz erhebliches
Interesse daran, daß dem Verletzten gerade in der ersten Zeit, die
für den weiteren Verlauf des Leidens meist entscheidend ist, ein
Heilverfahren zuteil wird, durch das nicht nur die Verletzung äußer=
lich geheilt, sondern zugleich die Erwerbsfähigkeit des Verletzten
möglichst wiederhergestellt wird. Die Krankenkassen dagegen haben
ein Interesse nur an der möglichst schnellen Beendigung des
Heilverfahrens ohne Rücksicht auf den dauernden Erfolg. Die
B.G.en werden daher vielfach den Wunsch haben, das Heil=
verfahren von vornherein selbst zu leiten, z. B. schon den ersten
ärztlichen Eingriff (Einrenkung, Absetzung oder Ausschneidung von
Gliedern) nicht dem Kassenarzt zu überlassen, sondern einem
Facharzt zu übertragen oder den Verletzten sogleich in eine
Heilanstalt zu überweisen, um Verwachsungen, Verknöcherungen,
Schiefstellung von Knochenenden u. dgl. zu vermeiden. Damit
die B.G.en das Heilverfahren möglichst oft und frühzeitig in die
Hand nehmen, ist ihnen in gewissem Umfang ein Ersatzanspruch
gegen die zunächst Verpflichteten gegeben, ferner müssen die Kran=
kenkassen ihnen binnen 3 Tagen, spätestens binnen 4 Wochen An= 1512

1612 zeige von schwereren Unfällen machen; auch die Versicherungsämter
sollen ihnen in solchen Fällen Nachricht geben; die B.G.en haben
581, 947, auch das Recht, die Verletzten schon in der Wartezeit ärztlich unter-
1093 suchen zu lassen. **Übernimmt die B.G. in der Wartezeit von der**
1513 **Krankenkasse das Heilverfahren, so gehen alle Verpflichtungen**
der Kasse ganz auf sie über. Der Verletzte kann sie daher in
1551 Abs. 3 **demselben Verfahren wie die Kasse in Anspruch nehmen.** Ebenso
579, 945, ist es, wenn die B.G. von dem Unternehmer oder der Gemeinde
1086, 1104, 1551 Abs. 3 die Leistungen ganz oder teilweise übernimmt, oder wenn sie, wozu
sie jetzt ebenfalls berechtigt ist, für diejenigen ein Heilverfahren
580, 946, eintreten läßt, die sonst sich selbst überlassen sind (S. 7), also
1092, 1551 Abs. 2 anmentlich für die selbstversicherten Landwirte. In letzterem
Falle können die Verletzten, wenn sie von der B.G. zur Behandlung oder Beobachtung in eine Heilanstalt eingewiesen werden, angemessenen Ersatz für den ihnen entgehenden Verdienst verlangen. Ihre Angehörigen haben aber niemals Anspruch auf Angehörigenrente.

II. Wie melden Unfallverletzte (oder ihre Hinterbliebenen) ihre Unfallrentenansprüche an?

Wenn auch die B.G.en die Unfallverletzten erst vom Beginn der vierzehnten Woche ab zu entschädigen haben, so sind sie doch nicht gehindert, schon früher die notwendigen Vorbereitungen zu treffen und die erforderlichen Ermittlungen in die Wege zu leiten. Es würde auch sonst viel kostbare Zeit verloren gehen. Damit die Unfälle zur Kenntnis der B.G.en gelangen, sind nicht nur die Krankenkassen (S. 7), sondern auch die Betriebsunternehmer bei Ver-
1552 ff. meidung einer Ordnungsstrafe zur mündlichen oder schriftlichen Anzeige jedes Unfalls verpflichtet, durch den ein in ihrem Betrieb Beschäftigter getötet oder für länger als drei Tage völlig oder teilweise arbeitsunfähig wird. Alsdann ist die B.G. sogar verpflichtet,
1545 von Amts wegen ohne weiteres mit tunlichster Beschleunigung das Verfahren zur Feststellung der Entschädigung („Feststellungsverfahren") einzuleiten. Der Verletzte handelt aber klug, wenn er sich darauf nicht unbedingt verläßt, sondern seinerseits ebenfalls in das Verfahren eingreift. **Dazu gehört vor allem, daß**

er noch besonders seinen Anspruch auf Entschädigung, also auf
Krankenbehandlung und auf Rente, **anmeldet. Dies geschieht** 558
schriftlich bei der B.G., zu welcher sein Betrieb gehört.
Kann der Verletzte in seinem Betrieb in Erfahrung bringen, welche
Stelle der B.G. über seinen Entschädigungsanspruch zu befinden
haben wird, so wird er seinen Antrag auf Unfallrente zweckmäßig
gleich an diese Stelle richten. Viele B.G.en sind in mehrere „Sek-
tionen“ geteilt, und oft wird die Entscheidung über den Entschädi-
gungsanspruch nicht von der B.G. selbst, sondern von einer Sektion
getroffen. Welcher Genossenschaft und welcher Sektion ein Betrieb
angehört, und wo die Geschäftsstelle des Genossenschafts- und des
Sektionsvorstands ist, hat der Unternehmer durch einen Aushang 651
bekanntzumachen. Der Verletzte braucht sich aber nicht unbedingt
gerade an seine B.G. oder Sektion zu wenden. Es genügt, wenn
er seine Anmeldung bei *irgend einem* Versicherungsamt (V.A.)
anbringt. Die V.A.er sind durch die Reichsversicherungsordnung 1549
neu geschaffen und zumeist den unteren Verwaltungsbehörden 36
(z. B. in Preußen: den Gemeindebehörden (Magistrat) oder
Landratsämtern; in Bayern: den Gemeindebehörden oder Bezirks-
ämtern; im Königreich Sachsen: den Gemeindebehörden oder Amts-
hauptmannschaften usw.) angegliedert. Sie bestehen aus einem
Vorsitzenden und mindestens zwölf „Versicherungsvertretern“, die
von den Vorstandsmitgliedern der Krankenkassen gewählt und je zur 39 ff
Hälfte aus Arbeitgebern und Versicherten entnommen werden.
Etwaige Entscheidungen trifft der Vorsitzende des V.A.s entweder
allein oder in bestimmten Fällen unter Zuziehung eines Arbeit-
gebers und eines Arbeitnehmers. Während also die B.G.en nur
aus Betriebsunternehmern bestehen, die aber auch sämtliche Unfall-
renten und sonstigen Entschädigungen allein bezahlen, sind in den
V.A.ern auch die Arbeitnehmer vertreten. Auf diese Weise wird es
erreicht, daß auch der Stand, dem der Verletzte selbst angehört, bei
den Beschlüssen des V.A.s mitwirkt. Die V.A.er sind *verpflichtet,* 37
in allen Angelegenheiten der Kranken-, Unfall-, In-
validen- und Hinterbliebenenversicherung Auskunft zu
erteilen. **Ist es also einem Verletzten unklar, was er zu tun**
hat, so kann er sich Aufklärung von den V.A.ern holen. Diese
haben aber keine Aufsichtsbefugnis gegenüber den B.G.en. Die
Aufsicht steht vielmehr grundsätzlich dem Reichsversicherungsamt 30, 83, 722f., 846

723 in Berlin (S. 5) zu. In Bundesstaaten, in denen ein Landesversicherungsamt errichtet ist (Bayern, Sachsen, Baden — S. 6 —), führt dieses im allgemeinen die Aufsicht, aber nur über solche B.G.en, die nicht über das Gebiet des Bundesstaats hinausreichen (z. B. Bayerische Holzindustrie-B.G., Bayerische Baugewerks-B.G., Sächsische Holz-B.G., Sächsische Textil-B.G., ferner die bayerischen land- und forstwirtschaftlichen B.G.en, die land- und forstwirtschaftliche B.G. f. d. Königreich Sachsen, die badische landwirtschaftliche B.-G.) Die Verletzten, die sich über das Verfahren einer B.G. beschweren wollen (z. B. wenn diese nicht einen förmlichen Bescheid oder Abschrift von wichtigen ärztlichen Gutachten erteilen will), müssen sich daher an das Reichsversicherungsamt bzw. Landesversicherungsamt wenden. Sind sie im Zweifel, bei welcher dieser Behörden sie sich beschweren sollen, so können sie eine davon wählen, die das Gesuch gegebenenfalls an die richtige Adresse weitergibt.

Sollte ein Verletzter versehentlich die Anmeldung *bei einer falschen* B.G. bewirkt haben, so schadet das nichts. Diese B.G. ist gesetzlich verpflichtet, die Anmeldung mit dem Eingangsvermerk zu versehen und unverzüglich an die zuständige B.G. abzugeben sowie
1549 den Verletzten von der Abgabe zu benachrichtigen. Es genügt aber nicht, wenn der Verletzte seinen Anspruch bei dem Gemeindevorsteher oder den Ortspolizeibehörden*) oder bei seinem Arbeitgeber oder bei einem Vorgesetzten, z. B. seinem Meister, oder im Fabrikkontor oder bei einem Vertrauensmann der B.G. oder dem Knappschaftsältesten anbringt. Viele Arbeiter sind der Meinung, daß der Arbeitgeber verpflichtet sei, ihnen zu ihrem Rechte zu verhelfen. Dies
623, 731; 962, 989; ist ein Irrtum, der sich schon oft gerächt hat. Die Unternehmer
118, 1162 haben zwar allein die Mittel, aus denen die Unfallentschädigungen gezahlt werden, aufzubringen, aber sie haben nicht auch noch die Pflicht, in jedem einzelnen Falle die Rechte des verletzten Arbeiters wahrzunehmen. In Zweifelsfällen kann sich der Verletzte endlich auch an das Reichsversicherungsamt in Berlin wenden, das dann für eine sachgemäße Erledigung der Angelegenheit Sorge trägt.

Irgend eine Form ist für die Anmeldung des Entschädigungsanspruchs *nicht* vorgeschrieben. **Es genügt, daß der Verletzte** oder,

*) Dies genügt dagegen bei der Einlegung des Einspruchs, der Berufung und des Rekurses (S. 44, 56, 69).

falls er wegen der Unfallfolgen am Schreiben verhindert ist (z. B. wenn er schwerkrank im Krankenhaus liegt), seine Ehefrau oder sonst ein von ihm Beauftragter schon auf einer bloßen Postkarte **Vor- und Zunamen sowie Stand** des Verletzten, **den Tag des Unfalls und den Betrieb, in welchem sich der Unfall ereignet hat, angibt und den Anspruch auf eine Unfallentschädigung irgendwie erkennbar macht.** Zweckmäßig — aber nicht durchaus erforderlich — ist, wenn außerdem der Hergang des Unfalls und die Art der Verletzung näher beschrieben und etwaige Zeugen für den Unfall und deren Adresse angegeben werden (**Muster** S. 98). Will der Verletzte aus irgend einem Grunde das Schreiben vermeiden, so steht es ihm frei, die Geschäftsstelle der B.G. oder der Sektion (S. 9) aufzusuchen oder einen anderen dorthin zu schicken und hier seine Angaben zu Protokoll zu geben. Dies wird er allerdings nur tun, wenn sich die Geschäftsstelle in der Nähe befindet. Für den noch minderjährigen, d. h. noch nicht 21 Jahre alten Verletzten besorgt die Anmeldung der gesetzliche Vertreter (der Vater; wenn dieser tot, die Mutter; wenn auch diese gestorben, der Vormund)*).

Die Anmeldung des Entschädigungsanspruchs ist für den Verletzten nach verschiedenen Richtungen hin wichtig. Zuweilen, wenn die B.G. eine Unfallanzeige nicht erhalten hat, bekommt sie durch die Anmeldung des Anspruchs überhaupt erst Kenntnis von dem Unfall, kann daher erst dann das Feststellungsverfahren einleiten und die Ermittlungen betreiben. Es kann auch vorkommen, daß die Unfallanzeige den Hergang des Unfalls falsch darstellt. Solche Versehen können sich besonders dann einstellen, wenn der Unternehmer die Anzeige mündlich erstattet hat, wie es namentlich auf 1553
dem Lande häufiger vorkommen wird. Alsdann ist der Verletzte in der Lage, in seiner Anspruchsanmeldung sogleich etwaige Irrtümer richtigzustellen. Ferner warten die B.G.en, auch wenn sie von einem Betriebsunfall Kenntnis erhalten haben, oft erst die Anspruchsanmeldung ab, ehe sie die notwendigen Ermittlungen aufnehmen, und zwar besonders dann, wenn die Unfallfolgen nur unbedeutend und voraussichtlich bald beseitigt sind. Denn da die Entschädigungspflicht der B.G. erst nach 13 Wochen beginnt (S. 4, 8),

*) Im späteren Verfahren kann sich der über 16 Jahre alte Verletzte selbst vertreten. Darüber S. 42, 44; 55; 68.

so kann es sein, daß der Verletzte bis dahin wiederhergestellt ist und keine Entschädigung beanspruchen kann. **Vor allen Dingen aber vermeidet der Verletzte durch eine rechtzeitige Anmeldung, daß er seinen Rentenanspruch durch Fristablauf (auch „Verjährung" genannt) verliert.** Denn vom Unfall an läuft eine Frist von zwei Jahren, in welcher der Verletzte alle Folgen des Unfalls, die innerhalb dieser Frist eintreten, geltend machen und den Entschädigungsanspruch anmelden muß, wenn er ihn nicht verlieren will. Es nützt ihm nichts, daß er geglaubt hat, die B.G. werde das Verfahren von Amts wegen betreiben. Irgendwelche Umstände, die den Lauf der zweijährigen Frist aufhalten könnten, gibt es nicht. Die Frist läuft vielmehr ununterbrochen ab. Für einzelne, ganz bestimmte Fälle ist aber ausnahmsweise auch nach Ablauf der zweijährigen Frist eine nachträgliche Anmeldung des Anspruchs zugelassen, namentlich um eine Benachteiligung des bescheidenen Arbeiters, der nicht gleich nach dem Unfall mit Rentenansprüchen hervorgetreten ist, zu verhüten. Als Fälle, in denen der Verletzte seinen Anspruch bei unterbliebener rechtzeitiger Anmeldung noch nachträglich anmelden kann, kommen
1547 folgende in Betracht:

1. Die Unfallfolgen haben sich in den ersten zwei Jahren überhaupt nicht gezeigt, sondern erst nachher. Der Anspruch ist hier zwar mit Ablauf der zweijährigen Frist erloschen, ist aber nachher wiederaufgelebt. Beispiel: Ein Arbeiter erleidet durch Hufschlag eine anscheinend oberflächliche Verletzung des Kopfes, die bald verheilt. Nach 11 Jahren treten bei dem bis dahin gesunden und arbeitsfähigen Mann heftige Kopfschmerzen auf. Die Operation am Schädeldach zeigt, daß diese Beschwerden mit dem Unfall zusammenhängen. In solchen Fällen wird allerdings oft schwer zu beweisen sein, daß das so spät aufgetretene Leiden noch mit dem Unfall zusammenhängt.

2. Unfallfolgen haben sich in den ersten dreizehn Wochen gezeigt, sind aber in dieser Zeit wieder verschwunden, also zu einer Zeit, wo die B.G. noch gar nicht entschädigungspflichtig war; nach zwei Jahren kommen Unfallfolgen erneut zum Vorschein. Der Fall wird ebenso wie Fall 1 behandelt.

3. In den ersten zwei Jahren haben sich infolge des Unfalls nur kleinere Störungen der Gesundheit, aber

keine Beschwerden gezeigt, welche die Erwerbsfähigkeit des Verletzten beeinträchtigen; erst nach zwei Jahren treten solche Beschwerden auf. Auch dieser Fall ist ebenso wie der Fall 1 anzusehen.

4. Wesentliche Unfallfolgen haben sich zwar schon in den ersten zwei Jahren gezeigt, der Verletzte hat aber erst nachträglich erkannt, daß es Folgen des Unfalls sind. Beispiel: Er hat sich auf die Ansicht des behandelnden Arztes verlassen, daß sein Leiden nicht Unfallfolge, sondern Rheumatismus sei, erfährt aber später von diesem Arzt oder einem anderen, daß jene Ansicht falsch oder wenigstens sehr zweifelhaft sei. Hier kann er einen Entschädigungsanspruch auch noch nach den zwei Jahren geltend machen. Dagegen darf es dies nicht mehr, wenn er bei einiger Sorgfalt schon vorher selbst hätte merken müssen, daß sein Leiden eine Unfallfolge sei.

5. Der Verletzte hat zwar schon in den ersten zwei Jahren eine Unfallfolge bemerkt, aber nicht angemeldet; nach zwei Jahren ist ihm eine andere Unfallfolge bemerkbar geworden. Beispiel: Der Verletzte hat bei dem Unfall eine Quetschung des linken Fußes erlitten, hat aber trotz Schmerzen ohne Lohneinbuße weiter gearbeitet. Nach 2 Jahren stellt sich eine Erkrankung des linken Knies heraus, die dadurch entstanden ist, daß durch den Unfall die im Fuße verborgen gewesenen Tuberkeln in Bewegung gesetzt worden sind und sich im Knie eingenistet haben.

6. Der Verletzte hat die Unfallfolgen zwar schon in den ersten zwei Jahren bemerkt und nicht angemeldet, dieselben Unfallfolgen sind ihm aber erst später in wesentlich höherem Maße bemerkbar geworden. Diese später eingetretene Verschlimmerung darf nicht bloß geringfügig, sondern muß mit Sicherheit wahrnehmbar sein. Sie kann entweder plötzlich aufgetreten sein (z. B. der bei dem Unfall gequetschte Schenkel beginnt nach zwei Jahren zu schwellen und zu eitern), oder sie kann sich auch nur allmählich entwickelt haben (z. B. das bei dem Unfall verletzte Auge verliert allmählich an Sehkraft, nach den zwei Jahren erlischt diese ganz). Diese Befugnis ist für die Verletzten besonders wertvoll. Sie ist zwar erst durch die Reichsversicherungsordnung neu geschaffen, ist aber auch auf Unfälle, die sich bereits vor dem 1. Januar 1913 ereignet haben, anzuwenden. Aber nicht

immer können sich die Verletzten in solchen Fällen auf die neue Bestimmung berufen, nämlich dann nicht, wenn die zweijährige Frist bereits vor dem 1. Januar 1913 abgelaufen und bis zu diesem Zeitpunkt ein neuer Grund, der schon nach früherem Recht (Ziffer 1 bis 5) den Verletzten zur nachträglichen Anspruchsanmeldung berechtigt hätte, nicht eingetreten ist. Denn dann war sein Anspruch erloschen und nicht wieder aufgelebt.

7. Die Unfallfolgen sind zwar schon in den ersten zwei Jahren aufgetreten und auch bemerkbar geworden, der Verletzte hat sie aber gleichwohl deshalb nicht geltend machen können, weil er daran durch Verhältnisse gehindert wurde, die außerhalb seines Willens lagen, die zu vermeiden also nicht in seiner Macht lag. Beispiele: er war in den ersten zwei Jahren geisteskrank oder minderjährig und hatte keinen gesetzlichen Vertreter (Vater, Mutter, Vormund), oder er ist von Personen, auf deren Erklärung er sich verlassen durfte, namentlich von behördlichen Stellen wie dem Gemeindevorsteher oder der Ortspolizeibehörde falsch belehrt worden. Der Verletzte kann seinen Entschädigungsanspruch nach den zwei Jahren selbst dann anmelden, wenn er dazu schon in dem größten Teil der zwei Jahre imstande war, und die Umstände, die ihn daran hinderten, erst am Schluß der zwei Jahre eingetreten sind, z. B. er ist erst in den letzten Monaten der zweijährigen Frist geisteskrank geworden.

Andere Hindernisse als die aufgeführten berechtigen zur nachträglichen Erhebung von Entschädigungsansprüchen nicht, z. B. nicht Unkenntnis des Lesens, Schreibens oder der Gesetze, im allgemeinen auch nicht Krankheit, falls sie nicht etwa die Willensfreiheit des Verletzten derart beeinflußte, daß sie zu den unter Ziffer 7 genannten Verhältnissen zu rechnen ist.

Sind Verletzte in der Lage, einen der erwähnten Ausnahmegründe für sich geltend zu machen, dann haben sie von dem Tage an, an dem sie die neue Unfallfolge oder die wesentliche Verschlimmerung bemerken, oder an dem sie willensfrei werden, nicht etwa wieder zwei Jahre Zeit. Denn bis dahin ist seit dem Unfall bereits so viel Zeit verstrichen, daß die nachträgliche Feststellung des Betriebsunfalls und seiner Folgen, namentlich auch die Beschaffung der erforderlichen Beweismittel schon wesentlich schwieriger und zeitraubender geworden ist und nicht noch weiter verzögert werden darf. Deshalb muß der Anspruch nunmehr binnen einer erheblich kürzeren Frist, und zwar binnen drei Monaten, geltend gemacht werden. Etwa erforderliche Beweismittel können aber auch noch später nachgebracht werden.

Ist der Anspruch des Verletzten einmal rechtzeitig angemeldet, so kann er nicht mehr durch Verjährung verloren gehen; und zwar selbst dann nicht, wenn die B.G. dem Verletzten trotz seiner Anmeldung gar keinen Bescheid erteilt und der Verletzte sich zwei Jahre dabei beruhigt hat, weil er in dieser Zeit keine Lohneinbuße hatte. Ebenso ist Verjährung nicht mehr zu fürchten, wenn die B.G., ohne daß der Verletzte seinen Anspruch angemeldet hat, von Amts wegen zu der Frage der Entschädigungspflicht Stellung genommen, z. B. wenn sie in irgend einer Form Entschädigung gewährt hat, z. B. durch Bewilligung von künstlichen Gliedmaßen oder Schienenstiefeln, insbesondere aber, wenn sie durch förmlichen Bescheid eine Entschädigung zuerkannt, oder auch wenn sie eine solche abgelehnt hat. Denn wenn der B.G. das Recht gewährt worden ist, spät erhobenen Ansprüchen gegenüber Verjährung geltend zu machen, so ist dies nur geschehen, weil die Aufklärung des Sachverhalts mit fortschreitender Zeit immer schwieriger wird, so daß sie der B.G. nicht mehr zugemutet werden kann. Hat die B.G. aber zu der Frage der Entschädigung einmal Stellung genommen, .wenn auch nur durch Ablehnung einer Rente, so wird meist eine ausreichende Ermittlung und Feststellung der tatsächlichen Umstände bereits stattgefunden haben, und dann hat die B.G. später, wenn der Verletzte einen Anspruch erhebt, kein berechtigtes Interesse mehr daran, den Anspruch lediglich aus dem formellen Grunde abzulehnen, weil er zu spät geltend gemacht worden ist. Beispiel: Die B.G. hat in der ersten zwei Jahren, ohne daß der Verletzte sich gemeldet hat, eine Entschädigung durch Bescheid abgelehnt, weil die Folgen des Unfalls bereits innerhalb der ersten 13 Wochen wieder behoben seien, und der Verletzte hat sich bei dem Bescheid beruhigt. Nach den zwei Jahren erhebt nunmehr der Verletzte Anspruch auf Rente, weil sich wieder Unfallfolgen gezeigt hätten. In diesem Falle kann die B.G. ihn nicht lediglich deshalb zurückweisen, weil er sich in den ersten zwei Jahren nicht gemeldet hätte. Übrigens sind die B.G.en nicht gezwungen, Verjährung geltend zu machen, auch wenn sie dazu berechtigt wären. Sie werden aus Entgegenkommen namentlich dann den Einwand der Verjährung nicht erheben, wenn eine Aufklärung des Sachverhalts trotz Ablaufs einer erheblichen Zeit seit dem Unfall doch noch möglich ist. Zwingen kann sie aber niemand, auch das Reichsversicherungsamt nicht, dazu, auf den ihnen zustehenden Einwand der Verjährung zu verzichten.

Aus allem bisher Gesagten geht hervor, daß der Verletzte jedenfalls am klügsten und sichersten handelt, wenn er seinen Entschädigungsanspruch alsbald nach dem Unfall, und zwar schon in der Wartezeit, zur Kenntnis der B.G. bringt. Damit soll aber nicht gesagt sein, daß jede auch noch so kleine im Betrieb erlittene Verletzung nun sofort der B.G. mitgeteilt werden müßte. Immerhin hat doch der Verletzte zwei Jahre Zeit, um seine Rechte geltend zu machen, auch beginnt die Entschädigungspflicht der B.G. ja erst, wenn die Erwerbsfähigkeit des Verletzten länger als 13 Wochen, und zwar in einem wesentlichen Grade, durch Unfallfolgen beeinträchtigt wird. Sieht also der Verletzte voraus, daß seine Erwerbsfähigkeit innerhalb eines Vierteljahrs nach dem Unfall wiederhergestellt sein wird, so wird er zweckmäßig von der Anmeldung eines Anspruchs überhaupt oder doch wenigstens vorläufig absehen. Befürchtet er in einem solchen Falle, daß später eine Verschlimmerung in den Unfallfolgen eintritt, so kann er sich dadurch sichern, daß er seinen Anspruch, z. B. gelegentlich der polizeilichen Unfalluntersuchung, bedingt anmeldet, d. h. erklärt, daß er zurzeit keinen Anspruch auf Rente erhebe, daß er aber für den Fall der Verschlimmerung sich Ansprüche vorbehalte oder sich nachträglich an die B.G. wenden würde.

548 Ansprüche von Hinterbliebenen des Verletzten (Eltern, Ehegatten, Kindern unter 15 Jahren, S. 1 Anm.) auf Hinterbliebenenrente verjähren ebenfalls binnen einer Frist von zwei Jahren. Diese Frist wird aber immer erst vom Tode des Verletzten — nicht schon vom Unfall — an gerechnet, wie denn auch die Rente selbst erst vom Tode des Verletzten an verlangt werden kann*).

*) Wenn dagegen die Erben eines Verletzten nur diejenige Rente beanspruchen, die diesem selbst bis zu seinem Tode zustand, die sie also gewissermaßen von dem Verletzten geerbt haben („Erbenrente"), dann können sie den Anspruch auf diese Rente auch nur binnen der vom Unfall an laufenden Frist von zwei Jahren erheben.

Wenn also Unfall und Tod nicht zusammenfallen, so beginnt für die Hinterbliebenen mit dem Tode des Verletzten eine neue zweijährige Frist zu laufen. Dies ist für die Hinterbliebenen erheblich günstiger als nach dem früheren Recht, nach welchem in sehr vielen Fällen auch für die Hinterbliebenen die zweijährige Frist schon vom Unfall an lief. In diesen Fällen konnte es daher vorkommen, daß die Verjährungsfrist auch für die Angehörigen des Verletzten bereits bei dessen Lebzeiten verstrichen war, also zu einer Zeit, wo die Angehörigen noch gar nicht Hinterbliebene waren und deshalb einen Anspruch noch nicht erheben konnten. Die jetzige den Hinterbliebenen günstige Bestimmung kann aber auch zu grobem Mißbrauch führen. Denn nunmehr können die Hinterbliebenen eines jeden Versicherten die Behauptung aufstellen, dieser habe zu irgend einer Zeit, z. B. vor zwölf Jahren, einmal einen Unfall erlitten und sei nun an dessen Folgen gestorben. Diese Versuche, eine Hinterbliebenenrente zu erlangen, werden allerdings vielfach daran scheitern, daß ein Nachweis für die Behauptungen der Hinterbliebenen nicht mehr zu erbringen ist. Übrigens können auch die Hinterbliebenen noch nach Ablauf der zwei Jahre binnen einer Nachfrist von drei Monaten ihre Ansprüche anmelden, wenn sie von der rechtzeitigen Anmeldung durch Verhältnisse, die von ihrem Willen unabhängig sind, abgehalten worden sind (S. 14).

III. In welcher Weise wird zunächst der Sachverhalt aufgeklärt, und in welcher Weise können oder müssen sich die Verletzten (oder ihre Hinterbliebenen) an den Ermittlungen beteiligen?

Ist ein Versicherter durch Betriebsunfall getötet oder derart 1559
verletzt worden, daß die Unfallfolgen voraussichtlich über die ersten 13 Wochen hinaus dauern werden, so ist die Polizeibehörde des Orts, wo der Unfall sich ereignet hat, verpflichtet, schon von Amts wegen sobald als möglich den Unfall zu untersuchen (**polizeiliche Unfalluntersuchung**). Ob sie dazu im einzelnen Falle gesetzlich verpflichtet ist, hat sie selbst zu beurteilen. Einem Antrag des Verletzten auf Vornahme der Untersuchung braucht sie daher

nicht ohne weiteres stattzugeben. Der Verletzte kann jedoch entweder
sich im Beschwerdewege an die der Polizeibehörde vorgesetzte Dienst-
behörde wenden, oder bei dem V.A. oder der B.G. beantragen,
die Untersuchung zu veranlassen. Wenn diese Stellen die Unter-
suchung für notwendig halten und ihrerseits die Polizeibehörde
ersuchen, dann muß diese die Untersuchung des Unfalls einleiten.
Die Kosten der Untersuchung trägt die Polizeibehörde
selbst, weil sie nur eine ihr gesetzlich obliegende Pflicht erfüllt.
Nur wenn von dem Verletzten oder von der B.G. besondere
Feststellungen, z. B. durch Zuziehung von Ärzten beantragt werden,
die über den Rahmen der gesetzlichen Verpflichtung der Polizei-
1564 Abs. 2 behörde hinausgehen, hat der Antragsteller die Kosten zu tragen.
1562 **An der Untersuchung kann der Verletzte entweder selbst teil-
nehmen oder sich dabei vertreten lassen; verpflichtet ist er aber
dazu nicht.** Wenn er erscheint oder sich vertreten läßt, muß er die
Kosten, die ihm dadurch entstehen, selbst tragen. Vom Zeit-
1563 punkt der Untersuchung muß er rechtzeitig benachrichtigt werden.
1564 Abs. 1 Die Polizeibehörde kann — mit Ausschluß eidlicher Verneh-
mungen — Ermittlungen jeder Art anstellen, z. B. Zeugen und
Sachverständige, namentlich auch Ärzte, uneidlich hören, den Augen-
schein einnehmen, Auskünfte einholen. Der Verletzte kann die
Ermittlungen auch selbst dadurch fördern, daß er Beweismittel
namhaft macht, z. B. Zeugen benennt, die seine Angaben bestätigen
können. In Preußen kann die Polizeibehörde mit Zustimmung
der Hinterbliebenen auch die Leiche des Verletzten öffnen und mit
Genehmigung des Kreisarztes ausgraben lassen. Ist die Leichen-
öffnung zur Klarstellung des Sachverhalts notwendig, wird sie aber
von den Hinterbliebenen verweigert, so kann dies zur Folge haben,
daß der Anspruch auf Hinterbliebenenrente wegen mangelnden
1567 Beweises abgewiesen wird. Während oder nach der Unfallunter-
suchung kann der Verletzte von der Polizeibehörde oder der B.G.
Einsicht in die über die Untersuchung entstandenen Schriftstücke, nicht
aber in die sonstigen Teile der Akten der B.G., und Abschrift der
Schriftstücke verlangen. Für die Abschrift können aber Schreibgebühren
erhoben werden. Der Verletzte muß sich also, um sich unnötige Kosten
zu ersparen, klarmachen, ob er der Abschriften bedarf oder nicht.

Ist die B.G. nach Abschluß der polizeilichen Unfalluntersuchung
der Meinung, daß die Sache noch nicht genügend aufgeklärt ist, so

hat sie selbst **weitere Ermittlungen** anzustellen, z. B. Augenschein 1571 einzunehmen, Zeugen und Ärzte (uneidlich) zu vernehmen, Auskünfte des Arbeitgebers des Verletzten oder von Behörden einzuholen oder **den Verletzten durch einen Arzt oder in einer Heilanstalt untersuchen und beobachten zu lassen. Weigert sich der Verletzte ohne stichhaltigen Grund,** sich der Untersuchung oder Beobachtung zu stellen, oder entzieht er sich überhaupt der Kontrolle der B.G., **so ist diese berechtigt, den für den Verletzten ungünstigsten Schluß zu ziehen, der nach den Umständen des Falls überhaupt möglich ist.** Hat der Verletzte Bedenken gegen die Sachlichkeit und Unparteilichkeit des Arztes, von dem er sich auf Verlangen der B.G. untersuchen lassen soll, so darf er deshalb doch nicht die ärztliche Untersuchung ablehnen, er kann vielmehr nur später seine Bedenken, nachdem der Arzt das Gutachten erstattet hat, bei der B.G. und den Behörden, die mit der Sache zu tun haben, geltend machen. **Will der Verletzte die Ermittlungen fördern, so kann er auch hier, wie im ganzen Verfahren überhaupt, zur Aufklärung des Sachverhalts beitragen,** z. B. durch Benennung von Beweismitteln, namentlich von Zeugen. Im allgemeinen ist es dem pflichtmäßigen Ermessen der B.G. überlassen, welche Ermittlungen sie anstellen will und welche nicht. Nur zuweilen ist sie gezwungen, bestimmte Beweise zu erheben. So muß der Arzt, der den Verletzten an den Folgen des Unfalls 1582 behandelt hat, dann gehört werden, wenn die B.G. bereits einen anderen Arzt gehört hat und auf Grund des Gutachtens dieses Arztes entweder die Entschädigung ganz ablehnen oder nur eine Teilrente gewähren will. In anderen Fällen ist die Anhörung des behandelnden Arztes nicht erforderlich, namentlich dann nicht, wenn der Verletzte die volle Rente erhalten oder wenn sein Rentenanspruch ohne Rücksicht auf die ärztliche Beurteilung des Falls schon aus anderen Gründen abgewiesen werden soll, z. B. wenn schon der bloße Augenschein oder die allgemeine Erfahrung, besonders bei Leistenbrüchen oder glattem Verlust von Fingergliedern, genügt, um zu einer Entscheidung zu gelangen*). Hat die B.G. den behandelnden Arzt nicht gehört, obwohl sie ihn hören mußte, so haben die höheren Spruchbehörden entweder sie zur nachträg-

*) Die Anhörung des behandelnden Arztes ist auch dann nicht erforderlich, wenn eine Rente geändert werden soll (S. 80).

lichen Anhörung zu veranlassen oder selbst den Arzt zu hören. Steht der behandelnde Arzt zu der B.G. in einem dauernden Vertragsverhältnis, so kann der Verletzte verlangen, daß ein anderer Arzt gehört wird. Ob wirklich ein dauerndes Vertragsverhältnis zwischen dem behandelnden Arzt und der B.G. besteht, ist nach den zwischen beiden getroffenen Vereinbarungen zu beurteilen. Ein solches Vertragsverhältnis liegt nicht, wie viele Versicherte annehmen, schon dann vor, wenn ein Arzt besonders oft von einer B.G. gehört wird, oder wenn er mit der B.G. lediglich über die Höhe der Honorare ein Abkommen getroffen hat.

Die Kosten der Ermittlungen, die zur Aufklärung des Sachverhalts erforderlich werden, fallen der B.G. zur Last, und zwar auch dann, wenn das Verfahren auf Antrag des Verletzten eingeleitet worden ist, oder wenn die Ermittlungen auf seine Anregung angestellt worden sind und für ihn keinen günstigen Erfolg gehabt haben. Zu diesen Kosten gehören namentlich:

1. solche, die durch Zeugenvernehmungen oder Einforderung von ärztlichen Gutachten entstanden sind,
2. solche, die dem Verletzten durch seine von der B.G. angeordnete ärztliche Untersuchung oder Beobachtung erwachsen sind (einschließlich der Zehrungskosten und etwaigen Verdienstausfalls).

Die Kosten für die von dem Verletzten selbst eingereichten ärztlichen Gutachten hat dagegen die B.G. nicht unter allen Umständen zu erstatten, sondern nur, wenn der Verletzte mit seinem Anspruch durchdringt, und wenn er die Kosten zweckentsprechend und verständigerweise aufgewendet hat. Daß die Gutachten richtig waren, ist nicht gerade notwendig.

Gerät der Verletzte mit der B.G. in Streit über den Ersatz der ihm durch die Ermittlungen entstandenen Kosten, so kann er nicht die Erteilung eines durch Einspruch anfechtbaren förmlichen Bescheids (S. 23) beanspruchen. Denn ein solcher förmlicher Bescheid ist nur dann erforderlich, wenn es sich um die Entschädigung selbst handelt (S. 22, 28 ff.). Die vorstehend aufgeführten Kosten bilden aber nicht einen Teil der Entschädigung für die Unfallfolgen selbst, sondern sind nur Kosten des Beweisverfahrens. Sie sind daher von der B.G. nur in einem einfachen Schreiben anzuerkennen oder abzulehnen. Immerhin enthält

dieses Schreiben eine *Entscheidung* der B.G., und deshalb kann
der Verletzte gegen diese Entscheidung binnen einem Monat nach
Zustellung „*Beschwerde*“ beim Oberversicherungsamt einlegen und 1791
gegen dessen Entscheidung binnen einer gleichen Frist „*weitere* 1797
Beschwerde“ bei dem Reichsversicherungsamt (oder dem Landes-
versicherungsamt, S. 10) erheben (Rechtsbeschwerde). Er kann aber
auch gleich unter Überspringung des Oberversicherungsamts das
Reichsversicherungsamt (oder Landesversicherungsamt) als *Auf-
sichtsbehörde* der B.G. anrufen und um Abhilfe bitten (Auf-
sichtsbeschwerde). In diesem Falle braucht er keine Frist einzu-
halten, er kann die Aufsichtsbeschwerde also noch dann einlegen,
wenn die Rechtsbeschwerde gar nicht mehr zulässig ist.

Will die B.G. *einzelne* Ermittlungen nicht selbst vornehmen,
so kann sie nach ihrem Ermessen die öffentlichen Behörden darum 115
ersuchen, z. B. die Gemeindebehörden, Polizeibehörden, Ver-
sicherungsämter. Will sie Zeugen oder Sachverständige *eidlich*
vernehmen lassen, so muß sie darum das V.A. ersuchen, und zwar
dasjenige, in dessen Bezirk der Zeuge oder Sachverständige wohnt
oder sich aufhält. Hat das V.A. die Ermittlung vorgenommen,
so gibt es die Akten ohne weiteres an die B.G. zurück. In *be-
sonderen Fällen* kann die B.G. ausnahmsweise auch das zu-
ständige *Amtsgericht* um die eidliche Vernehmung angehen,
z. B. wenn der Zeuge zu weit entfernt vom Sitz des V.A.s
wohnt. In jedem Falle hat der Verletzte auch hier ein Recht
(aber nicht die Pflicht), an der Vernehmung der Zeugen oder 1573
Sachverständigen teilzunehmen. Deshalb muß er vorher von dem
Termin zur Vernehmung benachrichtigt werden. Werden Zeugen
oder Sachverständige vernommen, die der Verletzte benannt hat,
so braucht er auch hier nicht zu befürchten, daß er für die durch
die Vernehmung entstehenden Kosten haftbar gemacht wird. Denn
da die B.G. das V.A. oder das Amtsgericht um Vornahme der
Ermittlungen ersucht hat, so muß sie die baren Auslagen dem
V.A. oder dem Amtsgericht erstatten. 117

Die B.G. kann endlich überhaupt davon Abstand nehmen,
selbst Ermittlungen anzustellen, und kann den Vorsitzenden des 1572
V.A.s, in dessen Bezirk der Versicherte wohnt oder beschäftigt ist, 1637
darum ersuchen, den *gesamten* Sachverhalt aufzuklären. Dann
hat das V.A. selbst darüber zu befinden, welche Ermittlungen er-

forderlich sind, muß aber auch die Kosten der Beweisaufnahme tragen. Etwaige Anträge auf Erhebung von Beweisen hat daher der Verletzte bei dem V.A. zu stellen. Hat das V.A. die Ermittlungen abgeschlossen, dann muß es sich *gutachtlich äußern*. Die *Entscheidung* über den Anspruch auf Entschädigung trifft es aber auch in diesem Falle *nicht*, wie es ja überhaupt in der Unfallversicherung keine entscheidende Behörde ist, sondern nur die Aufgaben einer begutachtenden Behörde, einer sozialen Fürsorgestelle erfüllt. Das V.A. gibt daher die Akten wieder an die B.G. zurück, und diese trifft die Entscheidung.

IV. Wie wird die Entschädigung — also namentlich die Rente, aber auch Krankenbehandlung, Heilanstaltspflege, Hauspflege, Sterbegeld — zuerkannt oder abgelehnt („festgestellt")?

1. Allgemeines.

Was die Feststellung der Entschädigung, insbesondere die Gewährung oder Ablehnung einer Rente, betrifft, so ist das Verfahren in dieser Hinsicht durch die Reichsversicherungsordnung wesentlich geändert worden. Auf diese Änderung seien besonders diejenigen
E 89 Verletzten hingewiesen, die bereits früher eine Unfallrente bezogen und das bisherige Verfahren kennen gelernt haben. Soll ihre alte Rente geändert werden, oder verlangen sie eine neue Rente wegen eines neuen Unfalls, so müssen sie sich jetzt anders verhalten als früher. Sonst können sie leicht in ihren Rechten geschädigt werden. So mußte vor dem 1. Januar 1913 der Verletzte von der B.G. erst einen „Vorbescheid" erhalten, d. h. eine bloß vorläufige Mitteilung darüber, ob und in welcher Höhe eine Entschädigung gewährt werden soll. Auf diesen Vorbescheid brauchte sich der Verletzte, ohne Nachteile fürchten zu müssen, nicht zu äußern. Die Verletzten ließen ihn auch meist unbeachtet und warteten lediglich die Erteilung des endgültigen („berufungsfähigen") Bescheids ab. Gegen diesen Bescheid legten sie dann Berufung bei dem der B.G. übergeordneten „Schiedsgericht" ein, das über die Berufung zu entscheiden hatte. Der Vorbescheid, der selbst niemals endgültig werden konnte, dem

vielmehr immer ein neuer, endgültiger Bescheid folgen mußte, auch
wenn der Verletzte den Vorbescheid gar nicht bemängelt hatte, ist
als zwecklos beseitigt worden. Statt seiner hat nunmehr die B.G. 1583
sogleich einen förmlichen **„Bescheid“** zu erteilen. Dieser
Bescheid kann im Gegensatz zum bisherigen Vorbescheid
endgültig („rechtskräftig“) werden und somit das Ver-
fahren zum Abschluß bringen, wenn der Verletzte untätig
bleibt. Er kann aber auch, ähnlich wie der frühere Vor-
bescheid, ein nur vorläufiger bleiben, wenn der Ver-
letzte ihn angreift. Der Verletzte kann nämlich gegen ihn schrift-
lich oder auch durch protokollarische Erklärung bei der B.G. **„Ein-** 1591
spruch“ einlegen, und zwar **binnen einem Monat,** der mit der Zu-
stellung des Bescheids an den Verletzten beginnt (S. 43). Erhebt
der Verletzte Einspruch, so wird die Sache zwar nicht wie sonst,
wenn eine Partei ein Rechtsmittel (Berufung, Rekurs S. 54, 68)
einlegt, vor eine höhere Spruchbehörde gebracht, damit diese ent-
scheide, vielmehr bleibt die Sache in den Händen der B.G., aber
es findet ein besonderes **„Einspruchsverfahren“** statt, **in welchem** 1592 ff.
die B.G. zur weiteren Prüfung der Angelegenheit eine von ihr
unabhängige Behörde, nämlich **das V.A.,** hinzuziehen kann und
auf Verlangen des Verletzten hinzuziehen muß (S. 48). Das
Einspruchsverfahren schließt damit ab, daß die B.G. dem Verletzten 1606
einen zweiten Bescheid, den **„Endbescheid“** erteilt (S. 51).

Damit die für den Verletzten bestimmten Schriftstücke oder auch Geldbeträge ihn möglichst bald erreichen, muß er der B.G. jeden Wohnungswechsel anzeigen. Dies gilt auch dann, wenn kein Verfahren schwebt.

2. Welchen Inhalt muß der „Bescheid“ haben, insbesondere welche Belehrungen des Verletzten muß er enthalten?

Der „Bescheid“ ist von der B.G. durch die zur Feststellung der 1568—1570
Entschädigung berufene Stelle schriftlich zu erteilen. Er muß
ausdrücklich darauf hinweisen, daß der Verletzte gegen ihn Ein- 1590
spruch binnen einem Monat einlegen kann, und daß er unanfecht-
bar („rechtskräftig“) wird, wenn nicht rechtzeitig Einspruch erhoben
wird (**„Einspruchsklausel“**). Ferner muß der Bescheid **Vermerke
darüber** enthalten, **daß der Verletzte in dem Einspruchsver-
fahren vier Rechte hat:**

1) persönlich gehört zu werden,

2) vor dem V.A. vernommen zu werden,

3) die Einholung eines Gutachtens von einem noch nicht gehörten Arzte zu beantragen,

4) die Vernehmung des von ihm bezeichneten Arztes auf seine Kosten zu beantragen.

Fehlt einer der vorbezeichneten Vermerke in dem Bescheid, oder sind diese unrichtig oder unvollständig, so wird die Einspruchsfrist überhaupt nicht in Lauf gesetzt, der Bescheid kann also garnicht zuungunsten des Verletzten rechtskräftig werden, vielmehr muß die B.G. auf Verlangen des Verletzten einen neuen, formgerechten Bescheid erteilen.

1589 Der Bescheid muß **ferner eine Begründung für die Entschließung der B.G.** enthalten, damit der Verletzte in der Lage ist, zu prüfen, ob er sich bei dem Bescheid beruhigen kann oder aber ihn durch Einspruch anfechten soll. Dazu gehört, daß auch die tatsächlichen Unterlagen des Bescheids dem Verletzten ihrem wesentlichen Inhalt nach mitgeteilt werden. Geschieht dies nicht, so ist der Verletzte berechtigt, eine Ergänzung des Bescheids zu verlangen, und die B.G. ist verpflichtet, ihm die fehlenden Unterlagen kostenlos mitzuteilen. Kommt die B.G. seinem Verlangen nicht nach, so kann er bei dem Reichsversicherungsamt (Landesversicherungsamt, S. 10) als Aufsichtsbehörde Beschwerde einlegen (Aufsichtsbeschwerde). Lehnt z. B. die B.G. eine Rente ab (etwa weil das Leiden des Verletzten nicht Folge seines Unfalls ist, oder weil er durch die Unfallfolgen über die ersten dreizehn Wochen hinaus in seiner Erwerbsfähigkeit nicht in wesentlichem Grade — mindestens um 10 Prozent — beeinträchtigt worden ist), so sind ärztliche Gutachten dem Verletzten ohne weiteres auszugsweise*) wenigstens insoweit mitzuteilen, als sie für die Entscheidung der B.G. bestimmend oder doch mitbestimmend gewesen sind oder für den Verletzten bei einer weiteren Verfolgung des Rentenanspruchs von wesentlicher Bedeutung sein können. Lediglich eine Bezugnahme auf Aktenstellen, z. B. „nach dem eingeholten ärztlichen Gutachten“ oder gar „nach dem Ergebnis der Ermittlungen“,
1588 genügt nicht. Bei der Gewährung einer Rente muß der Bescheid

*) auf Antrag auch in Abschrift (S. 52).

ferner erkennen lassen, welchen Jahresarbeitsverdienst*) die B.G. der Rentenberechnung zugrunde gelegt hat, und wie sie dazu gekommen ist, die Rente zu dem von ihr angenommenen Prozentsatz festzusetzen.

Im übrigen kann die B.G. die Rente in den ersten zwei Jahren 1585
als vorläufige oder als endgültige festsetzen. Beiden Renten ist gemeinsam, daß sie nur nach Eintritt einer wesentlichen Veränderung in den Unfallfolgen geändert, d. h. herabgesetzt oder erhöht werden können (S 76, 87 ff.). Während aber die endgültige Rente grundsätzlich für eine längere Dauer „bis auf weiteres" gewährt wird und mindestens ein Jahr lang in Wirkung bleiben muß, ist die vorläufige Rente, wenn sie auch nicht bloß für einen von vornherein festbestimmten Zeitraum zugebilligt wird, doch nur als Übergangsrente für eine kürzere Zeit gedacht und kann deshalb bei Eintritt einer wesentlichen Änderung in den Unfallfolgen jederzeit geändert werden. Ein weiterer Unterschied besteht noch darin, daß die vorläufige Rente nur in den ersten zwei Jahren nach dem Unfall zugesprochen werden kann. Aber auch in dieser Zeit soll sie die Ausnahme bilden. Grundsätzlich soll die Rente als endgültige festgesetzt werden. In vielen Fällen wird aber der Heilverlauf noch nicht so weit vorgeschritten sein, daß der gerade bestehende Zustand des Verletzten voraussichtlich längere Zeit anhalten wird. Für diese Fälle ist die Gewährung einer vorläufigen Rente zugelassen. Ist eine solche vorläufige Rente festgesetzt, und ändert sich nun der Zustand des Verletzten, so kann, je nachdem dieser Zustand vorübergehend oder von gewisser Dauer ist, entweder wieder eine neue vorläufige Rente oder aber eine endgültige Rente festgestellt werden. Jede vorläufige

---

*) d. h. gewöhnlich das Dreihundertfache des Durchschnittstagelohns, 563, 564;
den der Verletzte im ganzen Jahre vor dem Unfall im Unfallbetriebe verdient 931 ff. (anders 1066ff.)
hat. War er hier nur einen Teil des Jahres tätig, so wird:

1. zu dem von ihm selbst in dieser Zeit verdienten Durchschnittstagelohn 565
für die übrigen betriebsüblichen Arbeitstage des Jahres noch der Durchschnittstagelohn hinzugezählt, den andere gleichartige und gleichwertige Arbeiter im Unfallbetriebe oder in einem benachbarten gleichwertigen Betrieb verdient haben;

2. wenn solche Arbeiter nicht vorhanden sind, dann wird der von dem 566
Verletzten selbst verdiente Durchschnittstagelohn mit 300 oder mit der Zahl von Arbeitstagen vervielfältigt, die in dem Unfallbetrieb üblich sind.

Rente muß als solche in dem Bescheide ausdrücklich bezeichnet sein; sonst wird sie wie eine endgültige behandelt. Die endgültige Rente dagegen wird nicht ausdrücklich als solche bezeichnet, sondern schlechthin als „Rente“. Hat die B.G. nur eine vorläufige Rente festgesetzt, und ist der Verletzte der Ansicht, daß die Rente schon jetzt als endgültige festgesetzt werden kann, so steht es ihm frei, den Bescheid, wie gewöhnlich, mit Einspruch (S. 43) und, wenn dieser noch keinen Erfolg hat, mit der „Berufung“ anzufechten (S. 53). Ein weiteres Rechtsmittel, der Rekurs (S. 68), ist aber, wie schon jetzt bemerkt sei, in diesem Falle nicht zulässig, wie überhaupt in allen Fällen, wo es sich um vorläufige Renten handelt (S. 72). Hat die B.G. eine Rente nicht bewilligt, so können auch die von dem Verletzten angerufenen, der B.G. übergeordneten Spruchbehörden (Oberversicherungsamt, Reichsversicherungsamt bzw. Landesversicherungsamt, S. 10), wenn sie eine Entschädigung für geboten halten, diese als endgültige oder auch als vorläufige festsetzen.

1585 Abs. 2 Sind die ersten zwei Jahre seit dem Unfall abgelaufen, so dürfen nur noch endgültige Renten zugesprochen werden. **Die erste endgültige Rente muß spätestens mit Beginn des dritten Jahres nach dem Unfall in Wirksamkeit treten.** Deshalb kann sie ausnahmsweise auch dann festgesetzt werden, wenn seit der Feststellung der bisherigen vorläufigen Rente eine Besserung oder Verschlimmerung in den Unfallfolgen nicht eingetreten ist (S. 78). Auch können die Grundlagen für die Rentenberechnung, d. h. der Grad der Erwerbsunfähigkeit und der Jahresarbeitsverdienst, letzterer aber nunmehr unabänderlich ein für allemal, neu festgesetzt werden, ganz unabhängig davon, wie sie vorher festgesetzt waren (S. 82). Im übrigen aber kann die B.G., wenn sie bei Bewilligung einer vorläufigen Rente ihre Entschädigungspflicht anerkannt hatte, diese bei der erstmaligen Feststellung der endgültigen Rente nicht mehr bestreiten. Da die Höhe der Rente neu bestimmt werden kann, so hat auch der Verletzte in dieser Hinsicht freie Hand; er kann seine früheren Behauptungen wiederholen, auch neue Behauptungen aufstellen und neue Beweismittel dafür benennen, daß seine Erwerbsfähigkeit durch die Unfallfolgen doch in stärkerem Grade beeinträchtigt werde, als bisher angenommen worden sei. Er kann auch geltend machen,

daß seine Rente nach einem höheren Jahresarbeitsverdienst als
bisher berechnet werden müsse. Dringt er damit durch, so hat er
zwar bei der Festsetzung der vorläufigen Rente zu wenig erhalten.
Schadensersatz kann er dafür aber nicht verlangen. Indessen ist
die B.G. *berechtigt*, ihm nachträglich den höheren Jahresarbeits- 619, 955,
verdienst auch für die Vergangenheit in Anrechnung zu bringen. Sie 1117
kann aber dazu nicht angehalten werden. Setzt die B.G. *die end-
gültige Rente fest, so gilt auch diese nicht etwa für Lebens-
zeit des Verletzten, sondern immer nur bis auf weiteres.*
Auf Lebenszeit zugesprochene Renten gibt es nicht. Lebens-
längliche Renten können auch nicht im Wege eines Vergleichs ver-
einbart werden. Die Rente kann daher später herabgesetzt oder
auf Antrag des Verletzten erhöht werden, wenn eine wesentliche
Besserung oder Verschlimmerung in den Folgen des Unfalls ein-
getreten ist (S. 76, 87). Allerdings soll sie immer *mindestens
auf ein Jahr* belassen bleiben.

Kann die B.G. **nach Ablauf von drei Monaten** seit dem Unfall
einen Bescheid noch nicht erteilen, also nicht einmal eine vorläufige
Rente gewähren, so muß sie in *gewissen* Fällen dem Ver-
letzten, um ihn vor Not zu schützen, einen **Vorschuß** auf die 1587
Rente gewähren, und in *allen* Fällen muß sie ihm zu seiner
Beruhigung eine **Mitteilung** darüber machen, aus welchen 1586
Gründen die Erteilung des Bescheids noch nicht möglich ist.
Über die Höhe des Vorschusses entscheidet sie allein nach
pflichtmäßigem Ermessen. Von der Gewährung des Vorschusses
braucht sie dem Verletzten nur durch einfaches Schreiben Nach-
richt zu geben. Ist der Verletzte daher mit der Höhe des
Vorschusses nicht einverstanden, so kann er hierüber nicht
die Erteilung eines förmlichen Bescheids und deshalb auch
nicht die Nachprüfung in einem weiteren förmlichen Ver-
fahren verlangen. Er kann sich aber im Aufsichtswege
beim Reichsversicherungsamt (Landesversicherungsamt, S. 10) be-
schweren. Vor Ablauf der ersten dreizehn Wochen ist die
B.G. zur Bewilligung eines Vorschusses in der Regel nicht
verpflichtet, da ihre Entschädigungspflicht erst mit der vier-
zehnten Woche beginnt. Aber auch nach diesem Zeitpunkt
braucht sie den Vorschuß dann nicht zu zahlen, wenn noch
nicht feststeht, *ob* sie überhaupt eine Rente zu zahlen haben

wird, z. B. weil der behauptete Unfall oder der ursächliche Zusammenhang zwischen einem Leiden und dem Unfall nicht erwiesen ist usw. Gerade in diesen Fällen aber muß sie den Verletzten davon in Kenntnis setzen, aus welchen Gründen seine Rente noch nicht festgesetzt werden kann. Diese Mitteilung soll auch dann dem Verletzten gemacht werden, wenn er einen Entschädigungsanspruch gar nicht angemeldet hat.

Im übrigen ist der Verletzte, wenn er Mitglied einer Krankenkasse ist, auch nach Ablauf der ersten drei Monate berechtigt, von der Krankenkasse noch Krankenpflege und Krankengeld zu verlangen. Denn die Pflicht der Kasse zur Unterstützung dauert
183, 1501 auch bei Unfällen mindestens 26 Wochen (je nach der Satzung
187 auch noch länger). Diese Frist beginnt sogar nicht immer schon am Unfalltage, sondern, wenn der Verletzte erst von einem späteren Tage ab Krankengeld bezieht, erst an diesem Tage. Jedoch muß sich der Verletzte das, was er von der Kasse erhalten
1510, 1511 hat, in einem gewissen Umfang anrechnen lassen, wenn er von der B.G. eine Entschädigung erhält.

3. In welchen sonstigen Fällen können die Verletzten, gegebenenfalls ihre Angehörigen von den B.G.en die Erteilung eines förmlichen Bescheids und dessen Nachprüfung im weiteren Verfahren verlangen?

Abgesehen von den Fällen, in denen die B.G.en eine Unfallrente zubilligen oder ablehnen wollen, müssen sie auch noch in
1583 Nr. 3 anderen Fällen den Verletzten, gegebenenfalls auch deren Angehörigen einen förmlichen Bescheid erteilen und können bei Unterlassung, wenn sich die Berechtigten beim Reichsversicherungsamt (oder Landesversicherungsamt — S. 10 —) beschweren, von diesem im Aufsichtswege dazu angehalten werden. In diesen Fällen ist also ebenfalls den Berechtigten die Möglichkeit gegeben, ihre Ansprüche in einem förmlichen Verfahren nachprüfen zu lassen, wenn sie gegen den Bescheid oder Endbescheid die zulässigen Rechtsmittel einlegen (S. 43, 53, 68). **In den meisten dieser Fälle können sie allerdings nur bis ans Oberversicherungsamt gehen.** Die Erteilung eines förmlichen Bescheids kommt in folgenden Fällen in Frage:

558 Nr. 1, 930, 1065, 122, 123 a) **Krankenbehandlung** (ärztliche Behandlung, Versorgung mit Arznei oder anderen Heilmitteln, z. B. Verbandstoffen,

Bädern — aber mit Ausschluß alles dessen, was nur zur gewöhnlichen Ernährung des Verletzten dient —, ferner Gewährung, Instandhaltung und Erneuerung von Hilfsmitteln, die erforderlich sind, um den Erfolg des Heilverfahrens zu sichern oder die Unfallfolgen (nicht andere Verletzungen oder Krankheiten) zu erleichtern, z. B. von Krücken, Stützvorrichtungen, Stützkorsetts, besonderen Stiefeln, Stelzfüßen, Fahrstühlen, künstlichen Gliedmaßen, Bruchbändern, Glasaugen usw.).

1. Erstmaliges Heilverfahren.

Die „Krankenbehandlung" haben die B.G.en neben der Rente zu gewähren. Aber auch diese Pflicht besteht grundsätzlich wie die Rentenpflicht erst vom Beginn der vierzehnten Woche an.

Im allgemeinen wird die Krankenbehandlung in der Weise gewährt, daß die B.G. den Verletzten einem Arzt zuweist und bestimmt, wo der Verletzte sich Arznei sowie andere Heilmittel und Hilfsmittel zu beschaffen hat. Die durch diese Behandlung entstehenden Kosten hat die B.G. zu tragen. Dazu gehören auch die Kosten, die dem Verletzten durch eine von ihr angeordnete Reise zum Arzt erwachsen. Die B.G. braucht aber nicht das zu bezahlen, was der Verletzte selbst für Unterhalt, Bekleidung, Verpflegung und Wartung auch dann ausgeben müßte, wenn er gesund wäre, z. B. für Wohnungsmiete, Anschaffung von Kleidern und Ernährung. Dagegen muß die B.G. auch solche Kosten erstatten, die der Verletzte ohne ihr Zutun selbst für ärztliche Behandlung usw. aufgewendet hat, sofern die vom Verletzten gewählte Krankenbehandlung notwendig und zweckmäßig war, und soweit der Betrag, den der Verletzte aufgewendet hat, angemessen ist und auch von ihr aufzuwenden gewesen wäre, wenn sie die Krankenbehandlung bestimmt hätte. Ob diese Voraussetzungen vorliegen und deshalb die B.G. zur Kostenerstattung verpflichtet ist, kann nur im einzelnen Falle entschieden werden. Der Verletzte kann daher vorher nicht mit Sicherheit wissen, ob er seine Kosten erstattet erhält. **Er wird sich deshalb in der Regel hüten müssen, selbst darüber zu bestimmen, in welcher Weise das Heilverfahren vor sich gehen soll,** und wird diese Bestimmung nur im Notfall, z. B. wenn Gefahr im Verzug ist, treffen. Im allgemeinen wird er gut tun, vorher bei der B.G. anzufragen, wie er sich verhalten soll. In Streitfällen muß die B.G. einen förmlichen Bescheid erteilen, und der 1583 Nr. 3

Verletzte kann das Verfahren durch Einlegung der Berufung bis
1700 Nr. 1 vor das Oberversicherungsamt (aber nicht weiter!) bringen.

Leistungen besonderer Art, z. B. besondere Stärkungsmittel, die nicht als Hilfsmittel in dem erwähnten Sinne (S. 29) erforderlich sind, **kann** zwar die B.G. gewähren, der Verletzte kann sie aber nicht beanspruchen. Wenn es sich um solche Leistungen handelt, brauchen die B.G.en auch nicht einen Bescheid zu erteilen, sie können dazu auch nicht vom Reichsversicherungsamt angehalten werden.

2. **Neues Heilverfahren.**

Ist die erste, an die Unfallverletzung sich anschließende Heilbehandlung abgeschlossen, so gelten für die Einleitung eines **neuen** Heilverfahrens folgende Besonderheiten:

558 Nr. 1, 930, 1065 1. Die B.G. **muß** ein solches einleiten, wenn es **notwendig** ist, z. B. der Verletzte stellt den Antrag, ihn von neuem ärztlich behandeln zu lassen, weil eine von dem Unfall zurückgebliebene Narbe wieder aufgebrochen ist oder sonst sich die Unfallfolgen verschlimmert haben,

603 (952, 1112) 2. die B.G. **kann** ein neues Heilverfahren auch in anderen Fällen jederzeit einleiten (**muß** es also nicht und kann auch nicht dazu gezwungen werden), wenn es voraussichtlich die Erwerbsfähigkeit des Verletzten wesentlich erhöhen wird.

1583 Nr. 3 In Streitfällen muß die B.G. einen förmlichen Bescheid erteilen. Bringt der Verletzte die Sache durch Einlegung der Berufung bis an das Oberversicherungsamt, so entscheidet dieses auch hier
1700 Nr. 1 endgültig. In dem Falle zu 2 braucht er die erneute ärztliche Be-
1682 handlung sich so lange nicht gefallen zu lassen, bis das Oberversicherungsamt sie ebenfalls für zweckmäßig erklärt hat (sog. „**aufschiebende Wirkung der Berufung**").

Ist der Verletzte mit der Anordnung des Heilverfahrens einverstanden, so kann von der Erteilung eines förmlichen Bescheids abgesehen werden (anders bei Heilanstaltspflege S. 32).

597, 951, 1102 b) **Heilanstaltspflege** (Kur und Verpflegung in einer Heilanstalt).

Diese sollen die B.G.en dem Verletzten in möglichst vielen Fällen gewähren, weil eine solche Behandlung am meisten geeignet ist, die Unfallfolgen, soweit überhaupt möglich, zu beseitigen und den Verletzten wiederherzustellen. **Der Verletzte selbst hat aber keinen Anspruch auf Anstaltsbehandlung.** Vielmehr hängt ihre Gewährung zwar nicht vom Belieben, aber doch von dem pflichtmäßigen Ermessen der B.G. allein ab. Entscheidet sich die B.G. dafür, so erhält der Verletzte **für die Dauer der Krankenhausbehandlung keine Rente,** weil er ja in dieser Zeit für sich selbst keine Ausgaben hat*). Er muß aber in gewissen Fällen gefragt werden, ob er mit der Krankenhausbehandlung einverstanden ist, nämlich wenn er im eigenen Haushalt oder im Haushalt von Verwandten oder Verschwägerten wohnt, z. B. wenn er verheiratet ist oder als Junggeselle den Haushalt seiner Eltern teilt. In diesen Fällen soll er nicht gezwungen werden, in das Krankenhaus zu gehen, weil vielfach in seiner Familie ausreichend für seine Wiederherstellung gesorgt wird. Er muß aber, wie schon in den ersten dreizehn Wochen (S. 5), auch in diesen Fällen, gleichviel, ob er will oder nicht, auf Weisungen der B.G. sich ins Krankenhaus aufnehmen lassen, wenn er im Hause nicht sachgemäß behandelt oder gepflegt werden kann oder wenn er den Anordnungen des behandelnden Arztes wiederholt zuwidergehandelt hat, oder wenn er ein ansteckendes Leiden hat oder fortgesetzt beobachtet werden muß.

Die Kosten der Kur und Verpflegung hat die B.G. zu tragen. Zu diesen Kosten gehören auch die **Kosten der Reise,** die der Verletzte auf Anordnung der B.G. unternimmt, um sich von seinem Wohnort aus an einen anderen Ort in die Heilanstalt zu begeben. Sie sind ihm rechtzeitig zur Verfügung zu stellen.

Ist der Verletzte ohne Zutun der B.G. bereits in einer Heilanstalt untergebracht, so kann die B.G. auch noch nachträglich die ganze Kur und Verpflegung für ihre Rechnung übernehmen, und zwar auch dann, wenn der Verletzte nicht damit einverstanden ist, sondern lieber die Rente haben will. Diese nachträgliche Übernahme kann aber die B.G. nur so lange wählen, als die Anstaltspflege dauert, später nicht mehr. Denn wollte man der B.G. die Wahl lassen, auch noch nach Entlassung des Verletzten aus der Heilanstalt entweder die Krankenhauskosten oder die Rente zu zahlen, so würde sie nunmehr genau feststellen können, welche Leistung für sie geringer und somit vorteilhafter ist. Es würde deshalb die Gefahr vorliegen, daß

*) Seine Angehörigen aber bekommen Rente (S. 33).

sie zu sehr auf ihr eigenes Interesse sähe und den Verletzten benachteilige, ein Verfahren, das ihrer Stellung als einer öffentlichen Körperschaft widersprechen würde. Sie kann daher nach Abschluß der Heilanstaltspflege nicht mehr diese als für ihre Rechnung geschehen anerkennen, sondern muß auch für die Zeit der Heilanstaltsbehandlung eine angemessene Rente zahlen und daneben noch die Kosten erstatten, die sie zu zahlen hätte, wenn sie dem Verletzten außerhalb der Heilanstalt Krankenbehandlung (S. 28) gewährt hätte.

1583 Nr. 3 Die Einweisung des Verletzten in das Krankenhaus zur Behandlung muß *in allen Fällen* durch förmlichen Bescheid erfolgen*) (Einweisungsbescheid), damit der Verletzte ihn durch Einlegung des Einspruchs (S. 43) anfechten und nachprüfen lassen kann, wenn er nicht damit zufrieden ist, sondern glaubt, die Heilanstaltsbehandlung aus triftigen Gründen verweigern zu können. Legt er Rechtsmittel ein, so *muß er trotzdem ins Krankenhaus gehen*, wenn es sich um die *erste* Heilanstaltspflege handelt. In diesen Fällen wird also die Einlegung der Rechtsmittel nicht viel Zweck haben, selbst wenn das Oberversicherungsamt, dessen Entscheidung doch erst nach geraumer Zeit erfolgen kann, dem Verletzten recht gibt. Inzwischen wird vielfach die Behandlung schon beendet sein. Dagegen kann der Verletzte die Krankenhauspflege zunächst verweigern, wenn die B.G. *erneute* Krankenhausbehandlung anordnet. In diesem Falle kann er, wenn er sich bei der Anordnung nicht beruhigen will, erst die Entscheidung des Oberversicherungsamts abwarten. Übrigens liegt die Erteilung des förmlichen Bescheids nicht nur im Interesse des Verletzten, sondern auch im Interesse der B.G. selbst. Denn nur ein solcher Bescheid gibt der B.G., wenn der Verletzte ihm grundlos nicht Folge leistet, das Recht, dem Verletzten die Rente zu versagen (S. 35).

Zuweilen muß die Heilanstaltsbehandlung besonders schleunig angeordnet werden, wenn sie überhaupt Erfolg haben soll. In solchen dringenden Fällen würde es zu lange dauern, wenn mit der Krankenhauspflege so lange gewartet werden müßte, bis die zuständige Stelle der B.G. den förmlichen Bescheid erlassen hat.

---

*) Ein solcher Bescheid ist dagegen nicht erforderlich, wenn die B.G. den Verletzten bloß zur ärztlichen *Untersuchung* oder *Beobachtung* (also nicht zur Behandlung) in ein Krankenhaus einweist, z. B. zur Feststellung des Grades seiner Erwerbsfähigkeit.

Deshalb ist es für zulässig erachtet worden, daß der Verletzte, z. B. durch den Vorsitzenden der Sektion, ohne förmliches Verfahren in das Krankenhaus eingewiesen wird. Dies muß natürlich von der zuständigen Stelle nachträglich durch förmlichen Bescheid anerkannt werden.

Während der Verletzte für die Dauer der Heilanstaltsbehandlung keine Rente bekommt, **erhalten seine Angehörigen,** wie in den ersten 598, 951, 1102
dreizehn Wochen ein „Hausgeld" (S. 5), so hier **eine Rente** („Angehörigenrente"), namentlich die Ehefrau (auch die erst nach dem Unfall geheiratete) und die unter 15 Jahre alten Kinder (je 20 Prozent, also je ein Fünftel, aber im ganzen nicht mehr als 60 Prozent, also drei Fünftel des Jahresarbeitsverdienstes, nach welchem die Rente des Verletzten berechnet wird, S. 25), ferner die von dem Verletzten wesentlich unterstützten Eltern (beide zusammen 20 Prozent des Jahresarbeitsverdienstes). Die Rente gehört den Angehörigen, nicht dem Verletzten. Sie muß ebenfalls durch förmlichen Bescheid zugesprochen oder abgelehnt werden, damit die Angehörigen, wenn sie mit der Entscheidung der B.G. nicht einverstanden sind, Einspruch einlegen können. Bisweilen verbindet die B.G. den Einweisungsbescheid und den Angehörigenrentenbescheid zu einem einzigen Bescheid. In diesem Falle kann der Verletzte die Einweisung ins Krankenhaus anfechten und die Angehörigen die Rentenanordnung. Natürlich kann der Verletzte auch zugleich seine Angehörigen vertreten (z. B. als Bevollmächtigter seiner Ehefrau und als gesetzlicher Vertreter seiner Kinder). Die Angehörigen brauchen aber, wenn sie volljährig (über 21 Jahre) sind, nicht auf ihn zu warten, sondern können den Bescheid, soweit er ihre Rente betrifft, selbst angreifen; so z. B. die Ehefrau, wenn der Verletzte im Krankenhaus liegt. Wird der Verletzte aus dem Krankenhaus entlassen, so hört die Angehörigenrente ohne weiteres auf, nicht etwa erst am Ende des Monats oder erst durch besondere Aufhebung.

In allen Fällen, in denen die B.G. eine Heilanstaltspflege an- 1700 Nr. 4, 5
geordnet und über eine Angehörigenrente Beschluß gefaßt hat, können nur Einspruch und Berufung eingelegt werden. Das Oberversicherungsamt entscheidet endgültig.

Die B.G. kann bei Bedürftigkeit dem Verletzten, der in 602 (952, 1105)
einer Heilanstalt untergebracht ist, sowie seinen Angehörigen eine

die Unfallrente neben der Hauspflege erhalten, wofür sie sich aber auch selbst unterhalten müssen (anders bei der Verpflegung in der Heilanstalt S. 31). **Sie können aber die Hauspflege nicht verlangen,** können auch nicht das Reichsversicherungsamt bitten, daß es die B.G. zur Gewährung der Hauspflege anhalte. Vielmehr steht die Entscheidung darüber ganz im pflichtmäßigen Ermessen der B.G. Andererseits kann die B.G. dem Verletzten die Hauspflege nicht gegen seinen Willen zuwenden. Er muß vielmehr damit einverstanden sein. Sie soll ihm über die Hauspflege einen förmlichen Bescheid erteilen. Wenn sie den Verletzten vor- 1583
her um Zustimmung ersucht und diese erhalten hat, wird er meist kein Interesse an der Erteilung eines förmlichen Bescheids haben, da er ja die Hauspflege selbst wünscht. Wenn sie ihn aber überhaupt nicht fragt, sondern ihm gleich durch Bescheid die Hauspflege zuwendet, so kann er Einspruch einlegen (S. 43) mit der Begründung, daß er seine Zustimmung versage. Das Oberversicherungs- 1700
amt entscheidet endgültig (S. 71).

e) **Zeitweise Versagung der Entschädigung wegen verweiger-** 606
ter Heilbehandlung, d. h. wenn der Verletzte sich weigert, einer (952, 1
Anordnung der B.G., die das Heilverfahren betrifft, Folge zu leisten.

Diese Maßnahme der B.G. ist natürlich für den Verletzten von größter Bedeutung, und deshalb muß die B.G., wenn sie den Verletzten durch Versagung der Rente oder auch der Krankenbehandlung für seine Weigerung gewissermaßen bestrafen will, einen förmlichen Bescheid erteilen (Versagungsbescheid). Mit Rücksicht auf die große Bedeutung, welche die Versagung der Rente für den Verletzten hat, ist die B.G. bei dieser Versagung an verschiedene Voraussetzungen und Beschränkungen gebunden:

1. Sie muß bei Anordnung der Heilmaßnahmen ordnungsmäßig verfahren sein, z. B. in dem Hauptfalle, daß sie den Verletzten in eine Heilanstalt einwies, muß sie dies durch förmlichen Bescheid getan haben (S. 32).

2. **Die Rente kann nicht versagt werden, wenn der Verletzte einen gesetzlichen oder sonst triftigen Grund hat, weshalb er der Heilmaßnahme der B.G. nicht Folge leistet,** z. B. der Verletzte hat seine Zustimmung zur Heilanstaltspflege nicht gegeben, obwohl ein Fall vorliegt, wo er um seine Einwilligung gefragt werden mußte,

die Unfallrente neben der Hauspflege erhalten, wofür sie sich aber auch selbst unterhalten müssen (anders bei der Verpflegung in der Heilanstalt S. 31). **Sie können aber die Hauspflege nicht verlangen,** können auch nicht das Reichsversicherungsamt bitten, daß es die B.G. zur Gewährung der Hauspflege anhalte. Vielmehr steht die Entscheidung darüber ganz im pflichtmäßigen Ermessen der B.G. Andererseits kann die B.G. dem Verletzten die Hauspflege nicht gegen seinen Willen zuwenden. Er muß vielmehr damit einverstanden sein. Sie soll ihm über die Hauspflege einen förmlichen Bescheid erteilen. Wenn sie den Verletzten vor- 1583 Nr. 3
her um Zustimmung ersucht und diese erhalten hat, wird er meist kein Interesse an der Erteilung eines förmlichen Bescheids haben, da er ja die Hauspflege selbst wünscht. Wenn sie ihn aber überhaupt nicht fragt, sondern ihm gleich durch Bescheid die Hauspflege zuwendet, so kann er Einspruch einlegen (S. 43) mit der Begründung, daß er seine Zustimmung versage. Das Oberversicherungs- 1700 Nr. 1
amt entscheidet endgültig (S. 71).

e) Zeitweise Versagung der Entschädigung wegen verweigerter Heilbehandlung, d. h. wenn der Verletzte sich weigert, einer Anordnung der B.G., die das Heilverfahren betrifft, Folge zu leisten. 606 (952, 1114)

Diese Maßnahme der B.G. ist natürlich für den Verletzten von größter Bedeutung, und deshalb muß die B.G., wenn sie den Verletzten durch Versagung der Rente oder auch der Krankenbehandlung für seine Weigerung gewissermaßen bestrafen will, einen förmlichen Bescheid erteilen (Versagungsbescheid). Mit Rücksicht auf die große Bedeutung, welche die Versagung der Rente für den Verletzten hat, ist die B.G. bei dieser Versagung an verschiedene Voraussetzungen und Beschränkungen gebunden:

1. Sie muß bei Anordnung der Heilmaßnahmen ordnungsmäßig verfahren sein, z. B. in dem Hauptfalle, daß sie den Verletzten in eine Heilanstalt einwies, muß sie dies durch förmlichen Bescheid getan haben (S. 32).

2. **Die Rente kann nicht versagt werden, wenn der Verletzte einen gesetzlichen oder sonst triftigen Grund hat, weshalb er der Heilmaßnahme der B.G. nicht Folge leistet,** z. B. der Verletzte hat seine Zustimmung zur Heilanstaltspflege nicht gegeben, obwohl ein Fall vorliegt, wo er um seine Einwilligung gefragt werden mußte,

oder er ist nicht in das Krankenhaus gegangen oder hat es vorzeitig verlassen, weil seine Ehefrau zu Hause schwer krank geworden ist, oder die B.G. mutet ihm eine Operation (z. B. Wiederbrechen eines schlecht geheilten Arms, Ausschneiden einer Narbe, Überpflanzen gesunder Hautstücke von anderen Körperteilen) oder eine Chloroformnarkose zu. Hierzu bedarf es der Zustimmung des Verletzten. Dagegen ist er ohne weiteres verpflichtet, solche Maßnahmen zu dulden, welche eine ordnungsgemäße Wundbehandlung überhaupt erst ermöglichen, z. B. Freilegung der verletzten Stelle, Reinigung der Wunde und in der Regel auch Einschnitte in Geschwüre, und zwar selbst dann, wenn Schmerzen damit verbunden sind. **Solche kleinen ungefährlichen Eingriffe gelten nicht als Operationen.** Ebenso muß sich der Verletzte mediko-mechanische Behandlung gefallen lassen und Apparate (z. B. Hüftstützapparate oder Arbeitsstulpen) tragen.

3. Die Versagung der Rente darf nur erfolgen, wenn anzunehmen ist, daß die Erwerbsfähigkeit des Verletzten durch seine Weigerung ungünstig beeinflußt worden ist oder beeinflußt werden wird. Dieser Nachweis wird gewöhnlich durch ein ärztliches Gutachten zu führen sein.

4. Die Versagung darf nur erfolgen, wenn der Verletzte vorher darauf hingewiesen worden ist, daß ihm bei Weigerung gegen die Heilmaßnahme die Nichtzahlung der Rente drohe. Wenn die B.G. ihn durch förmlichen Bescheid (S. 32) in ein Krankenhaus zur Behandlung eingewiesen hat, so wird sie ihn zweckmäßig schon in diesem Bescheid auf die Folgen einer Weigerung hinweisen. Hat sie dies versäumt, so genügt es, wenn sie es noch in einem einfachen Schreiben nachholt. Ist der Verletzte nicht verwarnt worden, so kann ihm die Rente nicht versagt werden.

5. Entschließt sich die B. G. dazu, die Rente zu versagen, so darf sie dies nur auf eine bestimmte Zeit, z. B. auf ein Jahr, tun. Eine Versagung bis auf weiteres ist nicht zulässig.

6. Die Versagung bedeutet nicht, daß die Rentenzahlung immer in ganzer Höhe versagt wird. Die B.G. kann zwar die Rente ganz versagen, sie muß es aber nicht, sie kann vielmehr die Rente auch nur herabsetzen. In welchem Grad und wie lange sie die Rente versagen darf, dafür sind bestimmte Vorschriften nicht gegeben. Sie hat die Entscheidung nach gerechtem Ermessen zu treffen, um

den Verletzten für seine Weigerung zu strafen, ihn zum nachträglichen Gehorsam zu zwingen und sich dafür schadlos zu halten, daß sie infolge der Vereitelung ihrer Heilmaßnahme künftig wieder die frühere oder doch wenigstens eine höhere Rente zahlen muß, als sie mutmaßlich hätte zahlen müssen, wenn der Verletzte sich dem angeordneten Heilverfahren unterzogen hätte.

7. **Der Verletzte kann, um der Versagung der Rente zu entgehen, sich noch nachträglich dem angeordneten Heilverfahren unterziehen,** aber nur, solange dies überhaupt noch möglich ist und Zweck hat und ihm von der B.G. offengehalten wird.

8. Der Verletzte kann, wenn er mit der Versagung der Rente nicht einverstanden ist, nicht nur Einspruch und Berufung einlegen, sondern **auch Rekurs** (S. 70 Anm.). Es kann also von der höchsten 1699 (1700) Spruchbehörde nachgeprüft werden, ob die B.G. berechtigt war, die Rente zu versagen, und ob sie die Rente nicht zu lange oder zu sehr gekürzt hat.

9. Hat die B.G. ein erneutes Heilverfahren angeordnet und wegen Ungehorsams des Verletzten die Rente versagt, so darf sie, wenn der Verletzte die Versagung durch Einlegung der zulässigen Rechtsmittel angreift, die Rente nicht sogleich einbehalten, sondern 1682
muß damit warten, bis die von dem Verletzten angerufenen höheren Spruchbehörden die Versagung gebilligt haben. Bis dahin bleibt es bei dem bisherigen Zustand, die bisher gezahlte Rente muß also weitergezahlt werden, gleichviel, ob die B.G. die Versagung in einem besonderen Bescheid oder, was auch möglich, aber nicht zweckmäßig ist, zugleich in dem Bescheid ausgesprochen hat, in welchem sie den Verletzten in ein Krankenhaus einwies.

Legt der Verletzte gegen den Versagungsbescheid überhaupt kein Rechtsmittel ein, so wird die Rente von dem Tage an versagt, an welchem die Einspruchsfrist (S. 43, 45) abgelaufen und somit der Bescheid unanfechtbar („rechtskräftig") geworden ist.

Nach Ablauf der Versagungsfrist muß die B.G. den Verletzten für den dann noch bestehenden Verlust an Erwerbsfähigkeit voll entschädigen, sie muß ihm also sogar den Schaden vergüten, der vermutlich durch das von dem Verletzten grundlos verweigerte Heilverfahren beseitigt worden wäre. Sie kann aber auch, wenn sie es für angebracht hält, den Verletzten von neuem ins Krankenhaus einweisen und bei Weigerung ihm von neuem die Rente versagen.

557, 930, 1065 **f) Dauernde Versagung der Entschädigung wegen Verbrechens oder vorsätzlichen Vergehens,** d. h. wenn der Verletzte den Unfall bei Begehung einer Handlung erlitten hat, die durch strafgerichtliches Urteil oder auch durch amtsgerichtlichen Strafbefehl als Verbrechen oder vorsätzliches Vergehen bestraft worden ist. Die B.G. ist nicht gezwungen, die Rente zu versagen, sie kann es aber, und zwar nur so weit, als die Versagung nach den Umständen des einzelnen Falls angemessen ist. Auch über diese Versagung hat sie einen förmlichen Bescheid zu erteilen, der von den höheren
1699 (1700) Spruchbehörden, **auch vom Rekursgericht** nachgeprüft werden kann (S. 70 Anm.). Die dem Verletzten versagte Rente kann seinen Angehörigen überwiesen werden. Wegen Vergehen gegen bergpolizeiliche Vorschriften darf eine Rente nicht mehr versagt werden.

586, 950 (1097) **g) Sterbegeld** (der fünfzehnte Teil des Jahresarbeitsverdienstes, jedoch mindestens 50 Mark). Dieses hat die B.G. den Hinterbliebenen des Verletzten, also namentlich der Witwe, den Kindern unter 15 Jahren, den Eltern — ebenso wie die Hinterbliebenenrente (S. 1 Anm.) — dann zu gewähren, wenn der Tod des Verletzten unmittelbar oder mittelbar durch den Unfall herbeigeführt oder wenigstens wesentlich beschleunigt worden ist. Die Entscheidung über die Zuerkennung
1583 Nr. 3 oder Ablehnung des Sterbegeldes geschieht ebenfalls durch förmlichen Bescheid, damit ihn die Hinterbliebenen, wenn sie mit ihm nicht zufrieden sind, durch Einspruch (S. 43 f.) angreifen können. Später
1700 Nr. 6 können sie auch noch Berufung einlegen; das Oberversicherungsamt entscheidet auch hier endgültig (S. 71).

615, 955, 1115, 1116 **h) „Ruhen“ der zuerkannten Rente.** Ist eine Rente rechtskräftig festgestellt, so kann es doch vorkommen, daß die B.G. sie nicht zu zahlen braucht, obwohl eine Besserung in den Unfallfolgen nicht eingetreten oder von dem Verletzten schuldhaft vereitelt worden ist. Die Rente ist in solchem Falle nicht erloschen, sie lebt noch gewissermaßen, aber sie „ruht“, wie man sagt; d. h. sie tritt für eine gewisse Zeit nicht in die Erscheinung, kann aber wieder weitergezahlt werden, sobald der Grund des Ruhens wegfällt. Die Rente wird deshalb nicht „aufgehoben“ oder „entzogen“ (S. 76 f.), sondern nur „eingestellt“. Eine solche „Einstellung“ der Rente findet namentlich statt:

1. wenn und solange der Rentenberechtigte eine Freiheitsstrafe (nicht bloß Untersuchungshaft) von mehr als einem Monat

verbüßt oder in einem Arbeitshaus oder in einer Besserungsanstalt (z. B. als Fürsorgezögling) untergebracht ist. Statt seiner erhalten seine Angehörigen die Rente bis zur Höhe seines Anspruchs, falls sie, wenn er gestorben wäre, einen Anspruch auf Rente haben würden, also z. B. die Ehefrau, die Kinder unter 15 Jahren, die bedürftigen, von ihm wesentlich unterstützten Eltern;

2. wenn und solange der Rentenberechtigte sich im Ausland aufhält und der B.G. seinen Aufenthalt nicht mitteilt oder, falls er selbst der Unfallverletzte ist, auf Verlangen der B.G. sich nicht von Zeit zu Zeit bei dem zuständigen Konsul oder einer ihm bezeichneten anderen deutschen Behörde vorstellt*);

3. wenn und solange der ausländische Rentenberechtigte sich freiwillig gewöhnlich im Ausland (z. B. in seiner Heimat) aufhält, oder wenn er wegen Verurteilung in einem Strafverfahren ausgewiesen ist. Hat er das Reichsgebiet aus zwingenden Gesundheitsrücksichten verlassen, oder ist er bloß aus politischen Gründen als staatsgefährlich oder lästiger Ausländer ausgewiesen, so ruht seine Rente nicht, sie muß ihm vielmehr auch im Ausland weitergezahlt werden, falls ihn nicht etwa die B.G. mit einem einmaligen Kapitalbetrag ein für allemal „abfindet" (zu vgl. weiter unten).

Will die B.G. in den bezeichneten drei Fällen die Rente einstellen, so kann sie es auch rückwärtshin von dem Tage an, an welchem der Grund für die Einstellung eingetreten ist. Sie hat aber auch hier einen besonderen förmlichen Bescheid dem Verletzten 1583 Nr. 3
und im ersten Falle auch den Angehörigen zu erteilen. Durch Anfechtung können diese Bescheide bis vor die höchste Spruchbehörde 1699 (1700)
gebracht werden, sie sind also **„rekursfähig"** (S. 70 Anm.).

Sind die Gründe, aus denen die B.G. die Rente eingestellt hatte, nicht mehr vorhanden, hat z. B. der Verletzte seine Freiheitsstrafe verbüßt, so tritt mit demselben Tage ohne weiteres, insbesondere ohne jeden Bescheid die frühere Rente wieder in Wirksamkeit.

i) Abfindung eines Verletzten durch einmalige Kapitalzahlung. 616, 955, 1117

Sie kann nicht, wie viele Verletzte annehmen, bei allen Renten eintreten, sondern **nur bei Renten bis zu 20 Prozent** der

*) Weist der Verletzte nach, daß diese Mitteilung oder Vorstellung ohne sein Verschulden unterblieben ist, so wird ihm die einbehaltene Rente in diesem Falle von der B.G. nachgezahlt.

Vollrente, und zwar gleichgültig, ob der Verletzte ein Ausländer oder ein Deutscher ist. Eine Abfindung von Hinterbliebenen ist
617, 955, 1117 überhaupt nicht zulässig. Ausnahmen sind nur bei Ausländern zulässig, die sich gewöhnlich im Ausland aufhalten, die daher schwer erreichbar sind und der B.G. zu viel Mühe und Kosten verursachen würden, wenn sie auch im Ausland ihre Rente weitererhalten müßten. Solche Ausländer können daher immer, auch gegen ihre Zustimmung abgefunden werden. Sonst aber bedarf es der Zustimmung des Verletzten. **Einen Anspruch auf Abfindung hat indessen der Verletzte niemals.** Es steht im pflichtmäßigen Ermessen der B.G., ob sie den Verletzten abfinden will oder nicht. Will sie es nicht, kann sie von niemand dazu gezwungen werden. Will sie es, so muß sie zuvor das Versicherungsamt hören, dessen Meinung von der B.G. zwar zu beachten, aber für sie nicht durchaus bindend ist. Die Abfindung wird namentlich dann angebracht sein,
618, 955, 1117 wenn sie für den Verletzten von Nutzen ist. Was die Höhe der Abfindungssumme angeht, so ist die B.G. bei der Berechnung des
Bek. 21. 12. 12 Kapitalwerts an die bereits erlassenen Bestimmungen des Bundesrats über die Abfindungen für Unfallrenten gebunden.

1583 Nr. 3 Wenn die B.G. die Abfindung bewilligt oder ablehnt, muß sie dem Verletzten einen förmlichen Bescheid erteilen. In diesem Bescheid muß der Verletzte darauf hingewiesen werden, daß er nach
1583 Abs. 2 der Abfindung keinen Anspruch auf Rente mehr hat, auch wenn sich die Unfallfolgen verschlimmern sollten. Fehlt dieser Hinweis, so ist die Abfindung nichtig. Sie bleibt aber trotz des Mangels in Kraft, wenn im einzelnen Fall angenommen werden kann, daß die Versäumnis der B.G. keinen Schaden herbeigeführt hat.

Den Bescheid kann der Verletzte, wenn er die zulässigen Rechtsmittel einlegt (S. 43, 53), bis zum Oberversicherungsamt bringen,
1700 Nr. 9 aber weiter nicht. Denn Rekurs ist hier nicht zulässig (S. 72). Ordnet die B.G. eine Abfindung an, und legt der Verletzte gegen
1682 den Bescheid Berufung ein, so darf der Bescheid nicht sogleich zur Ausführung kommen, sondern die bisherige Rente muß zunächst weiter gezahlt werden. Hier hat also die Berufung ausnahmsweise, wie man sagt, „aufschiebende Wirkung“ (S. 55). Erst wenn das Oberversicherungsamt die Abfindung bestätigt und sein Urteil unanfechtbar („rechtskräftig“) geworden ist, hört die Rentenzahlung auf.

Das Oberversicherungsamt hat zu prüfen,

1. ob die Abfindung überhaupt zulässig und begründet ist,
2. ob die Abfindungssumme in angemessener Höhe festgesetzt ist.

Ist das Oberversicherungsamt in einem Punkt anderer Meinung, so kann es nur den Abfindungsbescheid aufheben. Insbesondere 1689
darf es die Abfindungssumme nicht erhöhen. Es bleibt dann vielmehr der B.G. überlassen, ob sie von neuem anderweit eine Abfindung festsetzen will.

Die vorstehenden Vorschriften sind in allen Fällen anzuwenden, also auch dann, wenn Renten abgefunden werden sollen, die vor dem 1. Januar 1913 festgesetzt worden sind.

Eine besondere Art der Abfindung kommt dann vor, wenn die Witwe, die eine Hinterbliebenenrente bezieht, wieder heiratet. 589, 950, 1098
Dann erhält sie von Amts wegen eine Abfindungssumme von 60 Prozent, also drei Fünfteln desjenigen Jahresarbeitsverdienstes, welcher der Berechnung ihrer Rente zugrunde gelegt worden ist. Für den Monat der Wiederverheiratung ist ihr die Witwenrente 613, 955, 1115
noch zu zahlen. In Streitfällen soll ihr ein förmlicher Bescheid erteilt werden.

4. Wie wird der Bescheid den Verletzten (oder ihren Hinterbliebenen) zugestellt?

Jeder förmliche Bescheid muß, um überhaupt eine Wirkung zu haben, dem Verletzten zugestellt werden. Von dieser Zustellung hängt es ab, ob und wann die Frist zu laufen beginnt, in welcher der Verletzte gegen den Bescheid „Einspruch" einlegen kann, wenn er mit ihm nicht zufrieden ist. Die Zustellung kann in sehr einfachen Formen geschehen. Sie kann allerdings auch mittels Postzustellungsurkunde oder mittels eingeschriebenen Briefes erfolgen, braucht es aber nicht. **Es genügt vielmehr jede formlose Zustellung,** sofern nur das zuzustellende Schriftstück dem Empfänger auf irgend einem Wege überhaupt behändigt ist und der Zeitpunkt dieser Aushändigung zuverlässig, z. B. durch Empfangsbescheinigung oder durch Zeugen, nachgewiesen werden kann. Ist der Verletzte noch nicht 21 Jahre alt („minderjährig"), oder ist er zwar volljährig, aber geisteskrank, so darf der Bescheid nicht an ihn selbst, auch nicht an ihn zu Händen seines gesetzlichen Vertreters, sondern allein an den gesetzlichen Vertreter (Vater; Mutter; Vormund, Pfleger) zu-

gestellt werden. Ist ein solcher nicht vorhanden, so hat die B.G. zu erwägen, ob sie nicht die Bestellung eines Vormunds oder Pflegers bei dem zuständigen Vormundschaftsgericht beantragen soll. Was aber im besonderen die Minderjährigen über 16 Jahre angeht, so werden die B.G.en im Sinne des Gesetzes handeln, wenn sie den Bescheid nicht nur dem gesetzlichen Vertreter des Minderjährigen zustellen, sondern auch dem Minderjährigen selbst wenigstens eine Abschrift des Bescheids erteilen. Denn die über 16 Jahre alten Min-
1591 Abs. 3 derjährigen können jetzt gegen den Bescheid selbständig Einspruch einlegen (S. 44). Sollen sie von dieser gesetzlichen Befugnis überhaupt Gebrauch machen können, so müssen sie Kenntnis davon erhalten, was für einen Bescheid die B.G. erteilt hat. Ist der Verletzte prozeßfähig — wie gewöhnlich, wenn er das 21. Lebensjahr vollendet hat —, so kann die Zustellung immer an ihn selbst geschehen, also auch dann, wenn er einen anderen zu seiner Vertretung bevollmächtigt hat. Wird der Verletzte in seiner Wohnung nicht angetroffen, oder wird dem Briefträger der Zutritt nicht gestattet, so können Einschreibsendungen an ein erwachsenes Familienglied des Empfängers (Ehegatte, Eltern, Großeltern, Kinder, Enkel, Geschwister) bestellt werden, wenn es entweder dauernd zum Hausstande gehört oder sich auch nur vorübergehend, z. B. besuchsweise, in der Wohnung aufhält. An solche Hausgenossen darf aber das Schriftstück nur in der Wohnung selbst, nicht an einem anderen Orte, etwa auf der Treppe oder auf der Straße, ausgehändigt werden. Ist das Schriftstück an eine der bezeichneten Personen ordnungsmäßig ausgehändigt worden, so gilt es als dem Empfänger selbst behändigt.

Manche Empfänger fürchten, der Bescheid der B.G., der ihnen zugestellt werden soll, könne ihnen ungünstig sein, und sie glauben, diese Nachteile dadurch vermeiden zu können, daß sie selbst oder durch ihre Angehörigen die Annahme des Schriftstücks verweigern. Dies nutzt ihnen aber nichts. Denn auch der bloße Versuch einer Zustellung hat dieselbe Wirkung, als wenn wirklich zugestellt worden wäre, vorausgesetzt natürlich, daß die Sendung gehörig frankiert war. Andernfalls hätten es die Empfänger in der Hand, willkürlich die in dem Bescheid der B.G. getroffene Anordnung überhaupt oder mindestens für eine gewisse Zeit unwirksam zu machen. Das darf natürlich nicht sein.

5. In welcher Weise und in welcher Frist legen die Verletzten oder ihre Hinterbliebenen gegen den Bescheid „Einspruch" ein?

Hat der Verletzte den förmlichen Bescheid erhalten, so kann er, wenn er mit der darin enthaltenen Entscheidung der B.G. nicht zufrieden ist, **bei der B.G. oder der Stelle, die den Bescheid erlassen hat,** (z. B. bei der Sektion) **binnen einem Monat Einspruch einlegen.**

Die Anordnung, die etwa in dem Bescheid getroffen ist, z. B. die Festsetzung einer bestimmten Rente, wird alsbald zur Ausführung gebracht*). Bis die Postanstalt, durch deren Vermittlung dem Verletzten die Rente ausgezahlt wird (S. 95, 96), zur Zahlung angewiesen worden ist, werden allerdings gewöhnlich ein paar Tage vergehen. Übrigens kann der Verletzte die Rente annehmen und trotzdem Einspruch einlegen. Er braucht nicht zu fürchten, daß aus der Annahme der Rente gefolgert wird, er sei mit dieser Rente zufrieden. Dadurch, daß er trotz Annahme der Rente Einspruch einlegt, bringt er vielmehr genügend zum Ausdruck, daß er mit der Höhe der ihm von der B.G. zugesprochenen Rente nicht zufrieden ist. Der Einspruch muß schriftlich abgefaßt werden. Weitere Formen brauchen aber nicht beobachtet zu werden, insbesondere braucht nicht ein Antrag gestellt oder der Einspruch begründet zu werden; auch ist nicht erforderlich, daß gerade der Ausdruck „Einspruch" gebraucht wird. **Es genügt, wenn der Verletzte überhaupt nur seine Unzufriedenheit mit dem Bescheid zu erkennen gibt.** Er kann z. B. einfach auf das Schriftstück des Bescheids selbst schreiben „Ich erhebe Einspruch", diesen Vermerk mit Vor- und Zunamen, Wohnort, Wohnung und Datum unterschreiben, das Schriftstück in einen Briefumschlag stecken und es wieder an die B.G. oder an die Stelle der B.G., von der er es erhalten hat, frankiert zurücksenden. Läßt er die Einspruchsschrift von einem anderen schreiben, weil er selbst nicht deutsch schreiben kann, so muß er sie doch wenigstens mit einem Handzeichen (z. B. drei Kreuze: × × ×) unterzeichnen, und dieses Handzeichen muß er durch eine öffentliche Behörde (z. B. Ortspolizeibehörde, Gemeindevorsteher) als von

*) ohne Rücksicht darauf, ob der Verletzte mit der Rente zufrieden ist, oder ob er Einspruch einlegen will oder schon eingelegt hat. Der Einspruch hat also keine „aufschiebende Wirkung".

ihm gefertigt beglaubigen lassen. Will er ein übriges tun — es ist zweckmäßig, wenn er es tut —, so kann er in der Einspruchsschrift selbst *oder auch später* den Einspruch begründen, z. B. kann er noch angeben, inwiefern der Sachverhalt bisher noch nicht geklärt ist, und kann zur weiteren Aufklärung beitragen, indem er Beweismittel, z. B. Zeugen, benennt (**Muster** S. 99). Es ist also auch hier unerfahrenen und schriftungewandten Personen möglich, selbst ihre Rechte zu wahren. Der Verletzte schadet sich nicht einmal dann, wenn er die Einspruchsschrift nicht an die zuständige Stelle schickt, die ihm in dem Bescheid ausdrücklich angegeben ist. Wenn er den Einspruch *bei irgend einer* inländischen deutschen
1591, 129 Abs. 2, 3 *Behörde* (z. B. Gemeindevorsteher, Amtsvorsteher, Magistrat, oder bei einer anderen B.G. oder gar bei einer Landesversicherungsanstalt oder Krankenkasse) rechtzeitig (S. 45) einlegt, so ist er gesichert. Denn die eben genannten Ersatzstellen sind verpflichtet, die Einspruchsschrift unverzüglich an die zuständige Stelle abzugeben. *Immerhin werden die Verletzten gut tun, sich den Bescheid wie überhaupt alle Schriftstücke, die ihnen zugehen, recht genau durchzulesen.* Denn durch diese Schriftstücke müssen sie so weit belehrt werden, daß sie wissen können, was sie zu tun haben. Wie bereits erwähnt (S. 42), können minderjährige Verletzte, sofern sie bereits das sechzehnte Lebensjahr vollendet haben, *selbständig* Einspruch einlegen, sie können es aber auch ihrem gesetzlichen Vertreter überlassen. Der selbständige Einspruch wird aber manchmal seine Schwierigkeiten haben, besonders, wenn die B.G. dem Minderjährigen eine Abschrift des Bescheids nicht zukommen läßt. Denn da sie den Bescheid nur dem gesetzlichen Vertreter zuzustellen braucht, so kann es vorkommen, daß der Minderjährige von dem Bescheid gar nichts erfährt, z. B. wenn er, wie es vielfach der Fall ist, an einem anderen Ort wohnt wie sein Vater. Dabei hat der Minderjährige zur Einlegung des Einspruchs nicht mehr Zeit als sein Vater; denn die Monatsfrist für den Einspruch beginnt mit der Zustellung des Bescheids an den *Vater*. Hat aber der Minderjährige selbst Einspruch erhoben, so wird er von nun an in dem weiteren Verfahren, auch in dem Be-
679, 1701 rufungs- und Rekursverfahren, als prozeßfähig behandelt, d. h. er ist befugt, seine Rechte selbst ohne seinen gesetzlichen Vertreter wahrzunehmen; er erhält nun die Benachrichtigung von Terminen,

ihm werden die Entscheidungen zugestellt. Übrigens können beide, der gesetzliche Vertreter und der Minderjährige, zu gleicher Zeit nebeneinander auftreten.

Eins muß der Verletzte besonders beachten. Der Einspruch ist 1591
nur binnen einem Monat möglich (ebenso wie Berufung und Rekurs). **Dies bedeutet, daß der Einspruch in der Monatsfrist nicht bloß von dem Verletzten abgesandt, sondern auch bei der V.G. eingegangen sein muß.** Als eingegangen gilt der Einspruch, wenn die V.G. über die Einspruchsschrift verfügen kann, z. B. nach Abgabe in der Geschäftsstelle, Abgabe an den Türhüter nach Schluß der Geschäftsstunden, Bereitstellung durch die Post zum Abholen durch die V.G., wenn diese ihre Post-
sachen von der Post abholen läßt. **Die einmonatige Frist beginnt** 124
am Tage, nachdem der Verletzte oder, wenn er einen gesetzlichen Vertreter hat, dieser den Bescheid zugestellt erhalten hat. Sie
endigt mit Ablauf desjenigen Tages des nächsten Monats, der 125
dieselbe Zahl hat wie der Zustellungstag. Ist also die Zustellung am 17. Januar erfolgt, so endigt die Frist am 17. Februar. Fehlt im nächsten Monat der Tag, der dem Zustellungstag entspricht, so endigt die Frist mit dem Monat, z. B. läuft die Frist vom 31. März (nur) bis 30. April, vom 31. Januar bis 28. — in Schaltjahren bis 29. — Februar. Fällt das Ende der Frist auf einen Sonntag oder einen staatlich anerkannten allgemeinen Feiertag (z. B. Neujahr, Himmelfahrt, die beiden Oster- und die beiden Weihnachtsfeiertage im ganzen Deutschen Reiche; in den einzelnen Bundesstaaten auch noch andere Tage, z. B. in Preußen Bußtag), so wird das Ende der Frist um einen Tag hinausgeschoben; sie endet erst mit Ablauf des nächstfolgenden Werktages. Wird die Frist nicht gewahrt, so kann die V.G. den Einspruch ohne weiteres als verspätet zurückweisen. Sie braucht nicht mehr zu prüfen, ob der Anspruch des Verletzten sachlich gerechtfertigt ist.

Hiernach hat zwar der Verletzte für den Einspruch einen ganzen Monat Zeit. Es kann ihm jedoch nur geraten werden, mit der Absendung des Einspruchs nicht bis zum Ende der Frist zu warten. Denn wenn auch die Einspruchsfrist — wie jede Rechtsmittelfrist — am letzten Fristtag erst um 12 Uhr nachts endigt, so ist doch zu bedenken, daß Postsendungen nur innerhalb gewisser Stunden bestellt werden, und daß auch die Geschäftsstunden bei den V.G.en

— wie bei den Behörden — nicht den ganzen Tag über dauern. Daraus ergeben sich gewisse Verzögerungen in der Bestellung von Schriftstücken, die an die B.G. gerichtet sind. Damit muß der Verletzte rechnen. **Will er also sicher gehen, zum mindesten aber Weiterungen vermeiden, so tut er gut, wenn er nicht erst die letztmögliche Gelegenheit für ein rechtzeitiges Eintreffen der Einspruchsfrist am Bestimmungsort benutzt.**

Indessen behandelt das Gesetz auch hier den Verletzten sehr schonend. Wenn nämlich die Einspruchsschrift **verspätet** bei der B.G. oder bei den erwähnten Ersatzstellen (Behörde, falsche B.G., Landesversicherungsanstalt, Krankenkasse) eingegangen, jedoch *der Post mindestens drei Tage vor Ablauf der Einspruchsfrist zur Bestellung übergeben worden* ist, so kann der Verletzte, wenn
131 Abs. 2 er der Zurückweisung seines Einspruchs entgehen will, bei der B.G. oder der Stelle der B.G., bei der die Frist versäumt ist, beantragen, daß sein verspäteter Einspruch entschuldigt und noch nachträglich angenommen wird **(„Wiedereinsetzung in den vorigen Stand“)**.
133 Er soll dabei die Tatsachen angeben, derentwegen er Wiedereinsetzung verlangt, und diese Tatsachen glaubhaft machen. Daß er gerade die Worte „Wiedereinsetzung in den vorigen Stand“ gebraucht, ist nicht notwendig. Wie immer, so genügt es auch hier, daß aus dem Sinn der Eingabe überhaupt hervorgeht, was der Verletzte will.
132 Den Antrag kann er aber nur binnen einer Frist von *einem Monat* stellen, nachdem ihm zur Kenntnis gekommen ist, daß er die Einspruchsfrist versäumt hat. Den Zeitpunkt, wann er dies erfahren hat, muß er gleichfalls glaubhaft machen. Binnen der Monatsfrist muß der Antrag auf Wiedereinsetzung bei der B.G.
133 Abs. 2 *eingegangen* sein. Es genügt aber auch hier, wenn er bei den schon mehrfach genannten Ersatzstellen rechtzeitig eingegangen ist. Diese Vorschrift bedeutet ein weites Entgegenkommen dem Verletzten gegenüber. Denn trotzdem er mit der Wiedereinsetzung seine Säumnis wieder gut zu machen hat, wird es ihm trotzdem nicht zu Schaden angerechnet, wenn er die Wiedereinsetzung bei Stellen beantragt, die zur Entscheidung gar nicht zuständig sind. Ist die
132 Abs. 3 Einspruchsfrist abgelaufen, und sind von diesem Zeitpunkt an zwei Jahre verstrichen, dann kann der Verletzte die Wiedereinsetzung überhaupt nicht mehr beantragen, selbst wenn er erst dann erfährt, daß er die Einspruchsfrist versäumt hat.

Außer der verzögerten Postbestellung gibt es noch andere Fälle, in denen Wiedereinsetzung in den vorigen Stand beantragt und gewährt werden kann, nämlich wenn der Verletzte durch Naturereignisse, deren Folgen er nicht abwenden konnte (z. B. Sturm, 131 Abs. 1
Einschneien, Überschwemmung), oder unabwendbare Zufälle verhindert worden ist, die Einspruchsfrist einzuhalten. Wiedereinsetzung kann aber nicht deshalb verlangt werden:

1. weil der Verletzte nicht schreiben kann oder während der Einspruchsfrist im Gefängnis gesessen hat (denn er kann eine andere Person mit der Abfassung der Einspruchsschrift beauftragen);

2. weil die Vorbereitung des Einspruchs, z. B. die Beschaffung eines ärztlichen Gutachtens oder von Zeugenadressen, besonders schwierig und zeitraubend war (denn die Begründung des Einspruchs braucht, wenn der Verletzte sie überhaupt einreichen will, nicht in der Einspruchsfrist einzugehen, S. 44);

3. weil der Verletzte während der Einspruchsfrist krank gewesen ist. War jedoch die Krankheit so schwer, daß der Verletzte durch sie willens- und handlungsunfähig war und deshalb einen anderen nicht mit der Einlegung des Einspruchs beauftragen konnte, dann gilt die Krankheit, aber auch nur dann, als ein unabwendbarer Zufall und gewährt dem Verletzten das Recht zu verlangen, daß der verspätet eingegangene Einspruch als nicht verspätet behandelt wird.

4. Wenn der Vertreter des Verletzten verspätet Einspruch eingelegt hat, so muß dies der Verletzte gegen sich gelten lassen; denn was der Vertreter verabsäumt hat, schadet seinem Auftraggeber ebenso, als wenn dieser selbst es verabsäumt hätte. Der Auftraggeber ist also für die Handlungen seines Vertreters verantwortlich.

Gibt die B.G. dem Antrag des Verletzten auf Wiedereinsetzung in den vorigen Stand statt, so beginnt von da ab nicht etwa eine neue Frist zu laufen, binnen der nun von neuem Einspruch besonders erhoben werden müßte, sondern der verspätete Einspruch wird ohne weiteres als rechtzeitig behandelt und auf seine sachliche Berechtigung hin geprüft. Auch ergeht über den Antrag in der Regel keine besondere Entscheidung, sondern die B.G. erteilt wie sonst den Endbescheid 134
(S. 24, 51), der wie gewöhnlich mit der Berufung anfechtbar ist. Wird der Antrag zurückgewiesen und der Einspruch als verspätet verworfen, so geschieht dies ebenfalls durch Endbescheid.

6. Welche besonderen Rechte haben die Verletzten (oder ihre Hinterbliebenen) im Einspruchsverfahren?

Hat der Verletzte rechtzeitig Einspruch erhoben, so hat er in dem nun folgenden „Einspruchsverfahren" mehrere für ihn sehr wichtige
1592 (1637 ff.) Rechte. **Vor allem hat er den Anspruch darauf, persönlich gehört zu werden.** Diese Vernehmung kann entweder vor der berufsgenossenschaftlichen Stelle erfolgen, die den Bescheid erlassen hat, oder aber vor dem V.A. des Wohnorts oder des Beschäftigungsorts des Verletzten, also vor einer von der B.G. unabhängigen und in der Nähe des Verletzten befindlichen Behörde. Äußert der Verletzte keinen bestimmten Wunsch dahin, daß er vor dem V.A. gehört werden möchte, so hat die genannte berufsgenossenschaftliche Stelle die Wahl, ob die Vernehmung vor ihr oder vor dem V.A. erfolgen soll. **Jedoch kann der Verletzte seinerseits das V.A. wählen, und dann muß seine Vernehmung vor dieser Behörde erfolgen.** Dieses Recht hat er aber nicht mehr, wenn er sich bereits vor der berufsgenossenschaftlichen Stelle hat vernehmen lassen. Er muß also seinen Wunsch, vor dem V.A. gehört zu werden, rechtzeitig zu erkennen geben, z. B. in der Einspruchsschrift. Vielfach werden die Verletzten diesen Wunsch haben, z. B. weil das V.A. ihnen näher ist als die Geschäftsstelle der B.G., oder weil sie vielleicht glauben, bei dem V.A. mehr Wohlwollen zu finden als bei der B.G. Die Kosten einer etwaigen Reise zu dem V.A. müssen sie aber selbst tragen. **Wollen sie, daß über ihren Einspruch möglichst schnell entschieden wird, dann wird ihnen auch die Vernehmung vor der B.G. recht sein.** Denn die Entscheidung selbst wird niemals von dem V.A., sondern stets von der B.G. getroffen, und diese ist natürlich schneller imstande zu entscheiden, wenn sie selbst die Sache in der Hand behält. **Außerdem ist die B.G.,** wenn sie die Vernehmung des Verletzten selbst vornimmt, **verpflichtet, ihm bare Auslagen und Versäumnis zu vergüten.** In diesem Fall entstehen also dem Verletzten keine Kosten. In Streitfällen kann er wegen der Kostenerstattung binnen einem Monat „Beschwerde" bei dem Oberversicherungsamt einlegen, das dann über den Kostenpunkt endgültig entscheidet. Hat sich die B.G. selbst dazu entschlossen, die Sache aus der Hand zu geben und die Vernehmung des Verletzten vor dem V.A. stattfinden zu lassen (z. B. wegen Kostenersparnis), so kann der Verletzte n i c h t verlangen, daß er vor der B.G. vernommen

wird. In jedem Falle hat der Verletzte die Möglichkeit, nochmals,
und zwar persönlich, seinen Standpunkt darzulegen, Beweismittel,
namentlich Zeugen zu benennen, seinen körperlichen Zustand be-
sichtigen zu lassen und auch auf etwaige Mängel des Verfahrens
aufmerksam zu machen. **Soll die Vernehmung erfolgen, so wird** 1593
der Verletzte vorgeladen. Erscheint er unentschuldigt nicht, so wird
alsbald der „Endbescheid“ (S. 51) erteilt; hat das V.A. die
Akten, so gibt es diese unverzüglich an die B.G. zurück. Entschuldigt
der Verletzte sein Ausbleiben mit triftigen Gründen, so wird ein
neuer Termin zu seiner Vernehmung anberaumt. Erscheint der
Verletzte, so wird er, wenn er von dem V.A. geladen ist, von dem
Vorsitzenden des Amts oder dessen Stellvertreter vernommen; seine 1594
Äußerungen müssen aufgeschrieben werden. *Der Verletzte muß,
da seine persönliche Vernehmung der Zweck des Termins ist,
selbst erscheinen*, er kann sich also nicht durch einen anderen ver-
treten lassen.

Der Verletzte hat im Einspruchsverfahren, gleichgültig, ob es vor
der B.G. oder vor dem V.A. stattfindet, **noch zwei weitere Rechte,**
die für ihn vielleicht von noch größerem Wert sind als das Recht auf
persönliches Gehör. *In gewissen Fällen kann er beantragen,
daß von einem Arzt, der bisher noch nicht gehört worden* 1595
ist, ein Gutachten eingeholt wird. Früher hatten es die
Verletzten oft als Nachteil empfunden, daß sie, wenn der von
der B.G. gehörte Arzt ein ihnen ungünstiges Gutachten erstattet
hatte, nicht selbst ein ihnen günstiges Gutachten beibringen konnten,
weil sie hierfür nicht die nötigen Mittel besaßen, oder weil der von
ihnen in Anspruch genommene Arzt die Erstattung eines Gutachtens
für sie ablehnte. Dieser Übelstand soll nunmehr beseitigt werden.
Denn ein amtlich eingeholtes Gutachten kostet den Verletzten nichts
und wird in der Regel von jedem Arzt ohne weiteres erstattet.
Das Verfahren ist aber ziemlich zeitraubend. Denn zur Ent-
scheidung über den Antrag des Verletzten auf Einholung eines
ärztlichen Gutachtens ist allemal das V.A. berufen. Wenn also der
Verletzte vor der B.G. vernommen wird und hier den Antrag stellt,
so muß die B.G. die ganze Sache erst dem V.A. vorlegen. Dieses
prüft nach eigenem pflichtmäßigen Ermessen, ob es dem Antrag statt-
zugeben hat, sucht auch *selbst den zu hörenden Arzt* aus. Es
braucht *kein ärztliches Gutachten* einzuholen, *wenn die B.G.*

schon einen Arzt gehört hat, dem der Verletzte nach eigener Wahl seine Behandlung übertragen hatte, z. B., wenn er zu einer Krankenkasse mit freier Arztwahl gehört. Da die B.G. in vielen Fällen gesetzlich gezwungen ist, schon vor Erlaß des förmlichen Bescheids den behandelnden Arzt zu hören, so wird hiermit den Interessen des Verletzten schon genügend Rechnung getragen, und deshalb soll er in diesen Fällen im Einspruchsverfahren nicht mehr die Einholung eines für ihn kostenlosen Gutachtens beantragen können. **Das V.A. braucht** aber ferner **dem Antrag des Verletzten nur zu entsprechen, wenn das Gutachten für die Entscheidung von Bedeutung sein kann.** Kommt daher das V.A. zu der Überzeugung, daß der Verletzte schon aus anderen als ärztlichen Gründen keinen Anspruch auf Entschädigung hat, z. B. weil der Unfall überhaupt nicht erwiesen ist, so ist es nicht verpflichtet, noch ein Gutachten zu erfordern.

Das Recht des Verletzten auf Einholung eines kostenlosen Gutachtens ist sonach in mancher Hinsicht eingeschränkt. **Entrichtet**
1596 **er aber die Kosten im voraus, so muß in allen Fällen ein Arzt, und zwar der von ihm bezeichnete, als Gutachter vom V.A. vernommen werden,** also auch wenn das Amt die Vernehmung nicht für erforderlich hält, oder wenn die B.G. den behandelnden Arzt schon gehört hat. In diesem Fall ist somit das V.A. an den Antrag des Verletzten gebunden. Hier ist dem Verletzten ein Recht eingeräumt, das leicht zur Verschleppung benutzt werden kann. Aber man hat geglaubt, auch diesen gelegentlichen Übelstand mit in Kauf nehmen zu können, wenn nur in den meisten Fällen eine Beruhigung des Verletzten erreicht wird, dem sonst die Ärzte die Erstattung eines Gutachtens verweigern könnten. Dem Verletzten werden sogar die Kosten des Gutachtens später zurückgezahlt, wenn es für die Entscheidung von Bedeutung war. Entsteht über die Erstattung der Kosten Streit, so kann der Verletzte auch hier bei dem Oberversicherungsamt Beschwerde einlegen, und dieses entscheidet über die Kosten endgültig.

Abgesehen von der Anhörung des Verletzten selbst und eines Arztes können im Einspruchsverfahren auch noch andere Ermittlungen angestellt werden. Findet aber das Verfahren vor dem V.A.
1598 statt, so braucht dieses nur solche Beweise zu erheben, die nicht viel Mühe und Kosten machen. Umständlichere Beweiserhebungen, z. B.

eine längere Beobachtung des Verletzten im Krankenhause, bleiben der B.G. überlassen. Hat das V.A. seine Ermittlungen beendet, so gibt es die Akten unverzüglich an die B.G. zurück. Es kann (aber 1599
muß nicht) sich auch gutachtlich darüber äußern, ob und aus welchen 1598
Gründen es den Anspruch des Verletzten für begründet hält oder nicht, oder ob noch eine weitere Aufklärung des Sachverhalts erforderlich ist. Die Entscheidung selbst trifft das V.A. nicht. Diese ist vielmehr der B.G. vorbehalten, und zwar beschließt die B.G. nach eigenem pflichtmäßigen Ermessen, ohne an die gutachtliche Äußerung des V.A.s gebunden zu sein. Falls erforderlich, kann die B.G. vor der Entscheidung noch weitere Ermittlungen anstellen.

7. Welchen Inhalt muß der „Endbescheid" haben, insbesondere welche Belehrungen des Verletzten (oder der Hinterbliebenen) muß er enthalten?

Über den vom Verletzten eingelegten Einspruch entscheidet die B.G. durch „Endbescheid", den der Verletzte durch „Berufung" anfechten kann (S. 53). **Ist der Einspruch verspätet eingelegt, so findet ein besonderes Einspruchsverfahren natürlich gar nicht erst statt, sondern er wird von der B.G. durch Endbescheid „als** 1606 Abs. 2
unzulässig verworfen". Ist der Einspruch rechtzeitig erhoben, so hat die B.G. in dem Endbescheid darzulegen, ob und aus welchen Gründen und in welcher Höhe sie den Entschädigungsanspruch für begründet erachtet oder nicht. Der Endbescheid muß in ähnlicher Weise wie der Bescheid begründet sein (S. 24), muß aber auch die Ergeb- 1607 Abs. 1
nisse des Einspruchsverfahrens würdigen. Eine bloße Bezugnahme auf die Gründe des Bescheids wird aber meist dann genügen, wenn der Verletzte in dem zu seiner Vernehmung angesetzten Termin nicht erschienen ist. **Immer aber muß der Endbescheid den Vermerk enthalten, daß er rechtskräftig wird, wenn der Verletzte nicht binnen einem Monat nach Zustellung des Bescheids an** 1607 Abs. 3
ihn Berufung bei dem zuständigen Oberversicherungsamt — das ausdrücklich zu benennen ist — **einlegt („Rechtsmittelbelehrung", „Berufungsklausel").** Fehlt der Vermerk, legt aber der Verletzte trotzdem rechtzeitig Berufung ein, so hat das Fehlen der Berufungsklausel keine Bedeutung. Versäumt aber der Verletzte in diesem

Falle die Berufung, so kann der Endbescheid, der keine Berufungsklausel enthält, niemals zu ungunsten des Verletzten rechtskräftig werden.

1607, 1588, 1589 Hat der Verletzte den Endbescheid zugestellt erhalten (S. 41), so kann er, wenn dieser Bescheid nicht gehörig begründet ist, insbesondere wenn er die ihm zu grunde liegenden tatsächlichen Unterlagen, namentlich ärztliche Gutachten, nicht ihrem wesentlichen Inhalt nach enthält, kostenlose Ergänzung des Endbescheides verlangen; erforderlichenfalls kann er das Reichsversicherungsamt (oder Landesversicherungsamt) bitten, als Aufsichtsbehörde für Abhilfe zu sorgen (S. 9, 10).

1607 Ferner kann er bei der B.G. beantragen, ihm Abschriften von den Protokollen über die Vernehmung von Zeugen und Sachverständigen (z. B. Ärzten) sowie von den eingeholten ärztlichen Gutachten zu erteilen. Die Kosten der Abschriften aber hat er vorher zu zahlen. Außerdem hat er nicht ohne weiteres Anspruch auf vollständige Abschrift, vielmehr können solche Stellen — namentlich aus ärztlichen Gutachten — fortgelassen werden, die ihn beunruhigen oder verletzen könnten oder für ihn ohne Bedeutung sind. Nicht ausdrücklich ist im Gesetz ausgesprochen, ob die B.G. von anderen als den erwähnten Schriftstücken, z. B. von Auskünften des Arbeitgebers, amtlichen Bescheinigungen oder von der etwaigen gutachtlichen Äußerung des V.A.s. eine Abschrift erteilen muß.*) In Streitfällen kann der Verletzte binnen einem Monat Beschwerde beim Oberversicherungsamt einlegen, das endgültig entscheidet.

Wesentlich einfacher kann sich das ganze berufsgenossenschaftliche Verfahren abwickeln, wenn der Verletzte oder seine Hinterbliebenen

1610 sich im Auslande befinden. Dann braucht die B.G. überhaupt keinen „Bescheid" zu erteilen, auch fällt dementsprechend das ganze Einspruchsverfahren fort. Statt dessen kann die B.G. nach Abschluß der Ermittlungen gleich den „Endbescheid" erteilen.

---

*) Anders ist es, wenn es sich um die Änderung einer endgültigen Rente handelt und das V.A. ein besonderes „Gutachten" erstattet hat (S. 82).

V. Wie haben sich die Verletzten zu verhalten, wenn sie (oder ihre Hinterbliebenen) mit dem Endbescheid der B.G. nicht zufrieden sind? (Berufungsverfahren)

1. Wann und zu welchem Zweck können die Verletzten „Berufung“ einlegen?

Ist der Verletzte mit dem Endbescheid der B.G. nicht zufrieden, so kann er entsprechend der in dem Endbescheid enthaltenen Berufungsklausel (S. 51) in allen Fällen **binnen einem Monat,** 1675, 128
nachdem ihm der Endbescheid zugestellt ist, **„Berufung“ bei dem zuständigen „Oberversicherungsamt“** (Spruchkammer) **einlegen. Den Endbescheid muß er aber erst abwarten.** Manche Verletzte werden durch das Verfahren so ungeduldig, daß sie gegen den ersten Bescheid, den sie von der B.G. erhalten, sofort Berufung einlegen. Sie machen sich dadurch unnötig Mühe und Kosten. Solche zwecklosen Maßnahmen lassen sich vermeiden, wenn jeder Verletzte sich, wie immer wieder betont werden muß, jedes Schriftstück, das ihm zugeht, genau durchsieht. Die Berufung kann der Verletzte natürlich nur einlegen, wenn und soweit er durch den Endbescheid benachteiligt ist. Ist er daher mit der in dem Endbescheid ausgesprochenen Entscheidung der B.G. selbst einverstanden, nicht aber mit den Gründen der Entscheidung, so steht ihm im allgemeinen die Berufung nicht zu. Wohl aber ist sie z. B. zulässig, wenn die B.G. eine vorläufige Rente zugebilligt hat, und der Verletzte eine endgültige Rente verlangt, weil er meint, daß in den Unfallfolgen ein gewisser Dauerzustand bereits eingetreten sei (S. 25).

Hat der Verletzte statt eines mit der Berufungsklausel versehenen Endbescheids von der B.G. nur ein einfaches Schreiben erhalten, so kann er von ihr die Erteilung eines berufungsfähigen Endbescheids verlangen, auch das Reichsversicherungsamt darum bitten, daß es die B.G. im Aufsichtswege zur Erteilung eines solchen Bescheids anhalte. Er kann aber auch das Schreiben der B.G. selbst der Einfachheit halber gleich mit der Berufung angreifen, um eine Verzögerung des Verfahrens zu vermeiden. Denn auch ein einfaches Schreiben der B.G. kann wie ein förmlicher Endbescheid behandelt werden, wenn die B.G. entweder die *Absicht* oder die Pflicht hatte, in förmlicher Weise zu dem erhobenen Anspruch des Verletzten Stellung zu nehmen, wenn sie also einen förmlichen Endbescheid erlassen wollte und nur versehentlich die Berufungsklausel fortgelassen hat, oder wenn sie einen förmlichen Endbescheid zwar nicht erlassen wollte, aber doch hätte erlassen müssen.

Durch die Berufung gelangt die Sache — anders wie durch den Einspruch — vor eine höhere Spruchbehörde, das Oberversicherungsamt. In der Spruchkammer dieser Behörde wirken (wie
68 bis 71 früher bei dem Schiedsgericht) bei der Entscheidung außer dem Vorsitzenden und zwei Vertretern der Arbeitgeber auch zwei Vertreter der Versicherten mit, die also ebenso wie der Verletzte selbst dem Stande der Arbeitnehmer angehören. Dieses Gericht hat den gesamten Streitstoff in tatsächlicher und rechtlicher Beziehung durchzuprüfen, d. h. daraufhin, ob der von der B.G. als erwiesen angenommene Sachverhalt den Tatsachen entspricht, und ob der wahre Sachverhalt nach dem Gesetz die Entscheidung der B.G. rechtfertigt. Immerhin ist das Oberversicherungsamt bei seiner Entscheidung über die Berufung nach zwei Richtungen hin gebunden. Einmal darf es dem Verletzten nicht mehr zusprechen, als er selbst verlangt. Ergibt sich aber, daß der der Rentenberechnung zugrunde gelegte Jahresarbeitsverdienst zu ungunsten des Verletzten falsch berechnet ist, so kann das Oberversicherungsamt diesen Verdienst auch dann schon ändern, wenn der Verletzte in dem Berufungsverfahren schlechthin eine höhere Rente verlangt hat, ohne ausdrücklich den Jahresarbeitsverdienst zu bemängeln. Denn dem Verletzten ist es gleichgültig, ob er eine höhere Rente durch Erhöhung ihres Prozentsatzes oder durch Erhöhung des Jahresarbeitsverdienstes erzielt. Das Oberversicherungsamt darf aber dem Verletzten auch nicht weniger zuerkennen, als er durch den Endbescheid der B.G. schon erhalten hat. Denn die Berufung steht nur ihm zu, nicht auch der B.G., da diese nicht eine Abänderung ihrer eigenen Entscheidung verlangen kann. Die B.G. ist daher an die in dem Endbescheid einmal übernommene Verpflichtung gebunden; das Schlimmste, was dem Verletzten passieren kann, ist, daß seine Berufung von dem Oberversicherungsamt zurückgewiesen wird, d. h. daß er nicht mehr erhält, als er durch den Endbescheid schon erhalten hat.

Die Berufung hat aber ebenso wie der Einspruch **nicht** die Wir- 130
kung, daß die in dem Endbescheid der B.G. getroffene Anordnung
zunächst außer Kraft bleibt. Diese wird vielmehr ebenso wie beim Einspruch (S. 43) sogleich zur Ausführung gebracht. Ist der Einspruch durch den Endbescheid zurückgewiesen worden, so wird wie bisher die in dem früheren Bescheide getroffene und alsbald zur Ausführung gebrachte Anordnung weiter durchgeführt, z. B. die festgesetzte Rente in der bisherigen Höhe fortgezahlt. Ist in dem Endbescheid eine andere Anordnung getroffen, z. B. eine höhere Rente zuerkannt, so wird diese Anordnung sogleich ausgeführt.
Nicht sofort zur Ausführung gebracht werden, wie bereits ange-
deutet (S. 30, 32, 37, 40), die Bescheide, in denen die B.G. ein 1682
neues Heilverfahren und eine Kapitalabfindung verfügt hat.

2. In welcher Weise und in welcher Frist legen die Verletzten gegen einen Endbescheid Berufung ein?

Wenn der Verletzte den Endbescheid ordnungsmäßig zugestellt erhalten hat (S. 41), so kann er sich im allgemeinen ebenso verhalten, wie er sich bei Erhebung des Einspruchs verhalten hat (S. 43 ff.). **Insbesondere braucht er in der Berufungsschrift nur zu sagen, gegen welche B.G. und welchen Endbescheid sich seine Berufung richtet, und seinen Vor- und Zunamen, Wohnort, Wohnung und Datum anzugeben (Muster** S. 100). Hat der Verletzte einen gesetzlichen Vertreter (S. 11), so muß dieser die Berufungsschrift anfertigen oder einen anderen damit beauftragen.

Minderjährige über 16 Jahre können aber, auch wenn sie nicht selbständig Einspruch eingelegt haben (S. 42, 44), gegen den ihnen selbst zugestellten Endbescheid auch selbständig Berufung einlegen.

Die Berufungsschrift muß **bei dem Oberversicherungsamt** 128, 129
oder wenigstens bei den schon mehrfach erwähnten Ersatzstellen (Behörden, B.G.en usw., S. 44) binnen der einmonatigen Frist (S. 45) eingehen; hat der Verletzte die Frist versäumt, so kann er auch hier in gewissen Fällen Wiedereinsetzung in den vorigen Stand
beantragen (S. 46, 47), und zwar bei dem Oberversicherungsamt, da 133 Abs. 2
bei diesem die Berufungsfrist versäumt ist. Will der Verletzte die Berufung noch näher begründen oder Beweismittel, z. B. Zeugen benennen oder angeben, welche Art der Entschädigung und in

welcher Höhe er sie verlangt, so kann er dies in der Berufungsschrift selbst **oder auch erst später** tun.

Von der Berufungsschrift und allen späteren Schriftsätzen, die der Verletzte einreicht, muß er eine Abschrift beifügen, die das Oberversicherungsamt der B.G. zusendet. Hat der Verletzte von der Berufungsschrift keine Abschrift eingereicht, so hat das Oberversicherungsamt sie anzufertigen. Von weiteren Schriftsätzen des Verletzten fertigt es die Abschriften entweder selbst an, oder es fordert sie nachträglich vom Verletzten ein. Schreibgebühren können von ihm eingezogen werden. **Es empfiehlt sich, daß der Verletzte auch für sich selbst eine Abschrift zurückbehält.** Will er nicht selbst eine Berufungsschrift anfertigen, so kann er die
129 Abs. 2 Berufung bei dem Oberversicherungsamt oder bei einer anderen Behörde oder bei den Geschäftsstellen einer B.G. *mündlich* erklären; über diese Erklärung wird ein Protokoll aufgenommen.

Bei welchem Oberversicherungsamt der Verletzte die Berufung einzulegen hat, ersieht er aus dem Endbescheid. Zuständig zur Entscheidung ist dasjenige Oberversicherungsamt, *in dessen Bezirk*
1677 *der Versicherte zur Zeit der Erhebung der Berufung wohnt oder beschäftigt ist.* Nach dem vor dem 1. Januar 1913 geltenden Rechte hatte über die Berufung das Schiedsgericht zu entscheiden, in dessen Bezirk der Betrieb lag, in welchem sich der Unfall ereignet hatte, und dieses Gericht blieb ein für allemal für alle Fälle zuständig, in denen es sich um denselben Unfall handelte. Wenn daher der Verletzte von dem Sitz des Betriebs, in welchem er den Unfall erlitten hatte, fortzog und bei einem neuen Streit mit der B.G., z. B. anläßlich der Herabsetzung seiner Rente (S. 76), Berufung einlegen wollte, so konnte er in den meisten Fällen seine Rechte bei dem entfernt liegenden Schiedsgericht nicht persönlich wahrnehmen, sondern konnte sich nur schriftlich äußern, wenn es ihm nicht gelang, am Sitze des Schiedsgerichts einen Vertreter zu bevollmächtigen. Hier hat also die Reichsversicherungsordnung eine tiefgreifende Änderung zugunsten der Verletzten geschaffen. **Jetzt kann sich jeder Verletzte vor dem Oberversicherungsamt selbst vertreten.** Wechselt er nach dem Unfall seinen Wohnsitz, und will er später einmal einen neuen Endbescheid der B.G. anfechten, so ist wieder ein *anderes* Oberversicherungsamt zuständig, und zwar das ihm am nächsten belegene, in dessen Bezirk er nun-

mehr wohnt oder beschäftigt ist. Ein weiterer Vorteil der Neuerung besteht darin, daß das Berufungsgericht in der Lage ist, die Erschienenen selbst zu befragen und dadurch eine gründliche Aufklärung des Sachverhalts herbeizuführen. Den B.G.en dagegen ist durch die neue Regelung die Verfolgung ihrer Rechte erschwert, da sie nunmehr häufig mit entfernt gelegenen Oberversicherungsämtern zu tun haben werden. Für Hinterbliebene eines Unfallverletzten, die Anspruch auf eine Hinterbliebenenrente erheben (S. 1, 16), ist dasjenige Oberversicherungsamt zur Entscheidung über 1677, 1638
ihre Berufung zuständig, in dessen Bezirk der Verletzte selbst seinen letzten Wohn- oder Beschäftigungsort hatte. Hier konnte das Gericht am Wohnort der Hinterbliebenen selbst nicht als zuständig erklärt werden, weil die Hinterbliebenen vielfach nicht an einem Orte, sondern getrennt in den Bezirken verschiedener Oberversicherungsämter wohnen. Ist der Wohnort des Verletzten von seinem Beschäftigungsorte verschieden, und gehören beide Orte zu verschiedenen Oberversicherungsämtern, so hat der Verletzte (oder seine Hinterbliebenen) die Wahl. In solchem Falle 1677, 1639
gebührt der Vorzug dem Oberversicherungsamte, das zuerst angegangen wird.

Der Verletzte kann, wenn er nicht selbst in dem Berufungsverfahren auftreten will, einen anderen zu seiner Vertretung bevollmächtigen. Er muß dann eine schriftliche Vollmacht ausstellen O.V.A.V.
(**Muster** S. 102) und sie entweder zugleich mit der Berufungsschrift oder erst später, aber spätestens in dem Termin zur mündlichen Verhandlung (S. 62) dem Oberversicherungsamt einreichen. Er kann auch gleich in der Berufungsschrift selbst erklären, daß er den anderen mit seiner Vertretung beauftrage. Die Vollmacht kann verschieden lauten. Entweder bevollmächtigt der Verletzte einen anderen zur Vertretung in seiner Unfallversicherungssache überhaupt (also im ganzen Verfahren) oder nur im Berufungsverfahren („Prozeßvollmacht"), oder er überträgt ihm die Vertretung nur für einen bestimmten Termin („Terminsvollmacht"), z. B. wenn er im allgemeinen sich selbst vertritt und nur verhindert ist, in einem bestimmten Termin selbst zu erscheinen. Vollmachten sind im Unfallversicherungsverfahren gebühren- und stempelfrei. Das- 138
selbe gilt übrigens von Geburts-, Heirats-, Sterbebescheinigungen, 137
Krankheitsbescheinigungen. K e i n e r s c h r i f t l i c h e n V o l l m a c h t be-

O.V.A.O. dürfen im allgemeinen volljährige Verwandte oder Verschwägerte des Verletzten, z. B. Eltern, Schwiegereltern, Söhne, Töchter, Schwiegersöhne, Schwiegertöchter. Sie werden also ohne Nachweis einer Vollmacht zur Vertretung zugelassen. Andere Angehörige, z. B. Brüder, müssen wie jeder andere Vertreter eine Vollmacht überreichen. Vorläufig können ohne Nachweis der Vollmacht für den Verletzten auftreten Rechtsanwälte, ferner solche Personen, denen das Verhandeln vor Gericht von der Justizverwaltung gestattet ist („Prozeßagenten"), sowie solche Personen, die zur geschäftsmäßigen Vertretung vor den V.A.ern und dem Oberversicherungsamt von diesem dauernd zugelassen sind (z. B. Arbeitersekretäre); diese müssen aber eine schriftliche Vollmacht nachbringen. Andere Personen kann das Oberversicherungsamt überhaupt zurückweisen, sofern sie das Verhandeln vor Behörden geschäftsmäßig betreiben; daß sie für ihre Tätigkeit sich bezahlen lassen, ist nicht erforderlich. **Der Verletzte, der glaubt, ohne die Hilfe eines Vertreters nicht auskommen zu können, muß sich also hüten, Personen dieser Art seine Vertretung zu übertragen und ihnen gar Vorschüsse zu zahlen; denn er muß darauf gefaßt sein, daß sein Vertreter gar nicht für ihn auftreten darf. Im Deutschen Reiche bestehen viele Rechtsauskunftstellen, die unentgeltlich Raterteilung, schriftliche Bearbeitung und persönliche Vertretung übernehmen. An diese mögen sich die Verletzten wenden, wenn sie sich vor aussichtslosen Maßnahmen und unnützen Kosten bewahren wollen. Ein Verzeichnis solcher unentgeltlichen Rechtsauskunftstellen befindet sich S. 103 ff.** Ist der Vertreter für einen Verletzten aufgetreten, ohne schriftliche Vollmacht zu überreichen, so muß gleichwohl der Verletzte selbst die Art und Weise, wie der Vertreter seinen Prozeß geführt hat, gegen sich gelten lassen; er kann sich nicht etwa darauf berufen, daß er dem Vertreter nur mündlich Vollmacht erteilt hat. Dasselbe gilt, wenn der Verletzte dem Vertreter überhaupt keine Vollmacht erteilt, seine Prozeßführung aber nachträglich ausdrücklich oder auch nur stillschweigend genehmigt hat. **Eine Besonderheit des Berufungsverfahrens ist es, daß der Vorsitzende des Oberversicherungsamts für den Verletzten in gewissen Fällen einen besonderen Vertreter bestellen kann, z. B. wenn der Verletzte vom Sitze des Oberversicherungsamts weit entfernt wohnt.** Der Verletzte braucht dies nicht einmal selbst zu beantragen. Doch wird es zuweilen in seinem Interesse liegen, die amtliche Bestellung eines Vertreters anzuregen.

3. In welcher Weise geht das Berufungsverfahren weiter, und wie können und wann müssen sich die Verletzten daran beteiligen?

Nach Eingang der Berufung sendet der Vorsitzende des Oberversicherungsamts die Abschrift an die B.G., damit diese sich dazu äußern kann. Dasselbe geschieht mit etwaigen weiteren Schriftsätzen des Verletzten Der Vorsitzende des Amts kann schon vor
der mündlichen Verhandlung zu deren Vorbereitung wei- 1679, 1652
tere Ermittlungen jeder Art vornehmen, z. B. Augenschein einnehmen, Zeugen und Sachverständige eidlich oder uneidlich vernehmen, Gutachten von Ärzten und amtliche Auskünfte einholen und auch andere B.G.en, die etwa entschädigungspflichtig sein könnten, beiladen. **Bei der Entscheidung darüber, welche Beweise er erheben will, ist er an die Anträge, welche von den Parteien gestellt sind, nicht gebunden. Jedoch werden die Beweismittel, die der Verletzte in seinen Schriftsätzen benannt hat, vielfach seine besondere Beachtung finden.** Zeugen und Sachverständige sollen nur vereidigt werden, wenn der Vorsitzende dies für notwendig erachtet, um eine wahre Aussage herbeizuführen. Der Verletzte kann die Vereidigung nicht verlangen, ebensowenig natürlich auch
die B.G. Den Beteiligten ist der Inhalt und auf ihr Verlangen 1679, 1653
eine Abschrift der Beweisverhandlungen mitzuteilen. Inwieweit ärztliche Zeugnisse und Gutachten mitzuteilen sind, entscheidet zunächst der Vorsitzende. Die Spruchkammer, vor der später der Termin zur mündlichen Verhandlung stattfindet, kann aber, wenn sie es für erforderlich hält, in der mündlichen Verhandlung die Mitteilung nachholen (ebenso später das Rekursgericht — S. 68 —).
Der Verletzte kann beantragen, daß ein bestimmter Arzt gut- 1681
achtlich gehört werde. Dann kann der Vorsitzende des Oberversicherungsamts (oder später die Spruchkammer) diesem Antrag natürlich stattgeben, wenn die Anhörung des Arztes zweckmäßig erscheint. Gezwungen ist er dazu nicht. Will er dem Antrag des Verletzten entsprechen, so kann er außerdem **die Einholung des ärztlichen Gutachtens von der Bedingung abhängig machen, daß der Antragsteller die Kosten vorschießt** und, falls das Oberversicherungsamt nicht anders entscheidet, sie endgültig trägt.

Der Vorsitzende des Amts (oder später die Spruchkammer — S. 62 —) kann aber auch den vorgeschlagenen Arzt hören, ohne von dem Antragsteller einen Kostenvorschuß zu verlangen. Stellt sich später heraus, daß das eingeholte Gutachten für die Aufklärung des Sachverhalts von wesentlicher Bedeutung gewesen ist, so können dem Verletzten die vorgeschossenen Kosten zurückgezahlt werden, gleich als wenn das Gutachten von Amts wegen eingeholt worden wäre. Jedenfalls ist es dem Verletzten möglich, ähnlich wie schon im Einspruchsverfahren (S. 50), auf seine Kosten ein Gutachten eines von ihm selbst gewählten Arztes zu erhalten. **Einen Anspruch auf Anhörung eines bestimmten Arztes hat allerdings der Verletzte nicht, und zwar auch dann nicht, wenn er den Kostenvorschuß anbietet. Insofern ist er im Berufungsverfahren ungünstiger gestellt als im Einspruchsverfahren. Ordnet der Vorsitzende die ärztliche Untersuchung oder Beobachtung des Verletzten an, so muß dieser der Anordnung Folge leisten, sonst kann auch hier wie schon im berufsgenossenschaftlichen Verfahren** (S. 19) **der für den Verletzten ungünstigste Schluß gezogen werden.**

Um sich für den Termin zur mündlichen Verhandlung vorzu-
O.V.A.V. bereiten, **kann der Verletzte Einsicht in die Akten nehmen** und sich daraus gegen Erstattung der Kosten Ausfertigungen, Auszüge und Abschriften erteilen lassen. Der Vorsitzende ist aber befugt, aus besonderen Gründen die Akteneinsicht zu versagen oder zu beschränken.

Im weiteren Verlauf des Verfahrens kann es zur mündlichen Verhandlung kommen, braucht es aber nicht. **Der Verletzte kann die Berufung vorher jederzeit zurücknehmen;** dann ist die Sache so, als wenn er überhaupt nicht Berufung eingelegt hat, der Endbescheid der B.G. wird also „rechtskräftig". Die Parteien können sich
1679, 1666 auch vergleichen; dann gilt der Streit als erledigt. Stirbt der Verletzte im Laufe des Verfahrens, so wird das Verfahren, auch wenn er einen Vertreter bestellt hat, ohne weiteres „unterbrochen", d. h. es steht still. Jede Tätigkeit des Gerichts und jede Prozeßhandlung der Parteien hört auf und ist, falls sie dennoch vorgenommen wird, ohne Wirkung; es darf z. B. kein Zeuge vernommen, kein Termin abgehalten, kein Urteil gefällt werden. Das Gericht kann aber die Erben des Verletzten, z. B. seine Witwe und voll- und minderjährigen Kinder, ermitteln und sie auffordern, das Verfahren

„aufzunehmen“. Mit der Aufnahme, die ausdrücklich erklärt werden
muß, geht das Verfahren weiter. Den Erben ist zu empfehlen,
einem von ihnen Vollmacht zu erteilen, damit nur dieser allein mit
dem Prozeß zu tun hat. Nehmen sie das Verfahren binnen Jahres-
frist nicht auf, so geschieht nichts weiter, die Akten werden weg-
gelegt. Die B.G. kann aber ebenfalls die Fortsetzung des Verfahrens
betreiben. Ähnlich ist es, wenn der Verletzte geisteskrank wird.
Dann muß erst ein gesetzlicher Vertreter für den Verletzten vom
Vormundschaftsgericht bestellt werden, und dieser hat bei dem
Oberversicherungsamt die „Aufnahme“ des Verfahrens zu erklären.
Aber auch abgesehen von diesen Fällen kann das Verfahren ohne
mündliche Verhandlung beendet werden. **In allen Sachen kann
nämlich der Vorsitzende des Oberversicherungsamts allein** 1679, 1657
ohne mündliche Verhandlung eine „Vorentscheidung“ treffen.
Dies wird er namentlich tun, wenn die Berufung verspätet ist.
Er kann aber auch die Berufung als sachlich unbegründet zurück-
weisen oder gar den Endbescheid der B.G. abändern; in diesen Fällen
wird aber der Vorsitzende zurückhaltend sein und die Entscheidung
meist der Spruchkammer überlassen, weil vielfach der Rekurs aus-
geschlossen ist und daher die Entscheidung des Berufungsgerichts
von besonders schwerwiegender Bedeutung ist. Bei der Vorent-
scheidung braucht sich der Verletzte nicht zu beruhigen, wenn er
nicht will. **Er kann vielmehr, falls er mit ihr nicht zufrieden ist,
bei dem Oberversicherungsamt selbst Antrag auf mündliche Ver-** 1679, 1658
**handlung vor der Spruchkammer binnen einem Monat nach Zu-
stellung der Vorentscheidung stellen.** Zur Vermeidung unnötiger
Aufregungen mag aber der Verletzte reiflich prüfen, ob nicht der
Vorsitzende mit den Gründen der Vorentscheidung recht hat. **Handelt
es sich um die erste Feststellung einer endgültigen Rente, so kann
der Verletzte gegen die Vorentscheidung auch gleich Rekurs
beim Reichsversicherungsamt einlegen** (S. 70). In der Vor-
entscheidung muß ausdrücklich vermerkt sein, welche Rechtsbehelfe
dem Verletzten zustehen, und in welcher Frist sie geltend zu machen
sind. Ist nur Antrag auf mündliche Verhandlung, aber nicht Re- 1692 Abs. 2
kurs zulässig, so muß dies besonders zum Ausdruck gebracht werden.
Wenn der Verletzte die Vorentscheidung nicht angreift, so wird sie
unanfechtbar („rechtskräftig“). Damit ist das Verfahren dann end-
gültig beendet. Wird ein Antrag auf mündliche Verhandlung ver-

spätet gestellt, so wird er als unzulässig verworfen. Legt die eine
1679, 1659 Partei gegen die Vorentscheidung Rekurs ein, während die andere mündliche Verhandlung vor dem Oberversicherungsamt beantragt, so geht dieser Antrag vor, es findet also mündliche Verhandlung statt.

Gewöhnlich wird der Vorsitzende Termin zur mündlichen
O.V.A.V. **Verhandlung anberaumen. Von Ort und Zeit der Verhandlung, die vor der Spruchkammer stattfindet, wird der Verletzte** oder, wenn er einen gesetzlichen Vertreter oder einen Bevollmächtigten hat, dieser **benachrichtigt.** In der Regel geschieht dies durch eingeschriebenen Brief oder gegen Postzustellungsurkunde. Ist der Aufenthalt des Verletzten unbekannt und ungeachtet aller Bemühungen nicht zu ermitteln, so kann seine Ladung durch öffentlichen Aushang erfolgen. Die mündliche Verhandlung findet dann statt, gleichgültig, ob der Verletzte Kenntnis von dem Termin hat oder nicht. **Deshalb ist es gut, wenn der Verletzte während des Berufungsverfahrens jeden Wohnungswechsel nicht nur der B.G.** (S. 23), **sondern auch dem Oberversicherungsamt anzeigt.** Der Verletzte *kann* im Termin erscheinen, braucht es aber nicht. Erscheint er nicht, so wird trotzdem verhandelt und entschieden. In der Ladung wird der Verletzte darauf ausdrücklich hingewiesen. **Das Oberversicherungsamt kann aber auch sein persönliches Erscheinen im Termin oder auch außerhalb des Termins anordnen.** Dann wird er besonders geladen, auch wenn er einen Bevollmächtigten hat. **Erscheint er in diesem Fall im Termin nicht, so können aus seinem Nichterscheinen ungünstige Schlüsse für seinen Anspruch gezogen werden.** Auch dies wird ihm in der Ladung besonders eröffnet. **Der persönlich ge-**
1679, 1669 **ladene Verletzte hat wie ein Zeuge unter allen Umständen Anspruch auf Ersatz der ihm durch sein Erscheinen entstandenen Kosten (bare Auslagen und Zeitverlust), also auch, wenn er im Berufungsverfahren unterliegt. Ist der Verletzte nicht persönlich geladen, erscheint er aber trotzdem, so können ihm, auch wenn seine Berufung zurückgewiesen wird, die Kosten vergütet werden. sofern sein Erscheinen erforderlich war und die Spruchkammer dies ausdrücklich feststellt.** Wird diese Feststellung (am besten schriftlich im Protokoll) nicht sogleich getroffen, so kann der Verletzte später die durch sein Erscheinen ihm erwachsenen Kosten nicht mehr verlangen. Der Ver-

letzte wird also, wenn er nicht persönlich geladen war, aber glaubt, daß sein Erscheinen zweckdienlich war, beantragen können, daß ihm die genannten Kosten erstattet werden. Einen Anspruch auf Kostenersatz hat er ferner ohne Rücksicht darauf, ob er unterliegt oder nicht, auch dann, wenn er auf Anordnung des Berufungsgerichts oder des Vorsitzenden ärztlich untersucht oder in einer Heilanstalt beobachtet worden ist. Alle diese Kosten sind dem Verletzten auf Veranlassung des Gerichts entstanden (daher sog. „*gerichtliche*" Kosten, Kosten des Verfahrens) und werden deshalb durch einfache *Verfügung des Vorsitzenden* in einem besonderen Kostenfestsetzungsverfahren für den Verletzten festgesetzt, also nicht im Urteil der Spruchkammer.
Ist der Verletzte mit der Höhe der ihm zugesprochenen Vergütung 1679,
nicht einverstanden, so kann er gegen die Verfügung binnen 1669 Abs. 2
einer Woche nach der Zustellung *Beschwerde bei dem Oberversicherungsamt* einlegen. O.V.A.V.
Der Vorsitzende kann dann seine frühere Verfügung selbst abändern oder die Beschwerde *dem Reichsversicherungsamt* (oder, wenn der Bezirk der beteiligten B.G. nicht über den Bezirk des Bundesstaats hinausreicht, dem Landesversicherungsamt, sofern ein solches, wie in Bayern, Sachsen, Baden, überhaupt vorhanden ist) *vorlegen*.

Zwischen der Mitteilung des Termins und diesem selbst soll in der Regel ein Zeitraum von mindestens einer Woche liegen, damit die Parteien Zeit zur Vorbereitung haben.

Der *Termin zur mündlichen Verhandlung* findet vor der Spruchkammer statt. Ist der Verletzte zum Termin erschienen, so melde er sich rechtzeitig bei dem Beamten, der die anstehenden Sachen aufzurufen hat, und achte darauf, wann seine Sache aufgerufen wird. Die Spruchkammer besteht aus 5 Mitgliedern, nämlich einem beamteten Vorsitzenden und je 2 Beisitzern der Arbeit- 77 Abs. 2
geber und Arbeitnehmer. Diese Beisitzer sollen möglichst aus An- 1685
gehörigen solcher Betriebe genommen werden, welche dem Unfallbetrieb technisch und wirtschaftlich nahestehen. Dies muß geschehen, wenn es sich um Unfälle in der Landwirtschaft oder in Bergbaubetrieben handelt. Ausnahmen sind hier nur aus besonderen Gründen zulässig. Die mündliche Verhandlung ist öffentlich und 1679, 1660
wird vom Vorsitzenden geleitet. **Zunächst trägt der Vorsitzende den** O.V.A.V.
Sachverhalt vor, da die Beisitzer die Sache nicht kennen. Dann werden die erschienenen Beteiligten gehört. Der Verletzte muß

also, wenn er erschienen ist, zu Wort kommen. Der Vorsitzende hat den Sachverhalt und die Streitfragen mit den Parteien zu erörtern und dahin zu wirken, daß sie über alle Tatsachen, auf die es ankommt, sich vollständig erklären sowie die angemessenen und sachdienlichen Anträge stellen. Der Verletzte kann, wenn er schon schriftlich einen Antrag, z. B. auf Verurteilung der B.G. zur Zahlung einer Rente, gestellt hat, diesen ergänzen, berichtigen oder ändern. Auch hat er hier nochmals Gelegenheit, seine Zeugen oder sonstigen Beweismittel zu benennen oder die Anhörung eines bestimmten Arztes zu beantragen (S. 59). Die Spruchkammer kann Ermittlungen jeder Art, die sie noch für erforderlich hält, vornehmen. Wird eine Beweiserhebung im Termin beschlossen und sogleich in demselben Termin vorgenommen, und zeitigt sie wesentlich neue Ergebnisse, z. B. es wird ein Zeuge vernommen, der gerade zur Stelle ist oder unverzüglich gestellt wird, oder es wird der Vertrauensarzt des Oberversicherungsamts gehört, so darf in demselben Termin ein dem Verletzten ungünstiges Urteil, das sich auf jene Beweiserhebung stützt, nicht erlassen werden, wenn er selbst bei der Beweiserhebung nicht zugegen und nicht vertreten war. Ihm muß vielmehr erst das Ergebnis der Beweiserhebung mitgeteilt werden. War dagegen der Verletzte von der beabsichtigten Beweisverhandlung vorher benachrichtigt, so kann auch bei seinem Ausbleiben das Gericht das Ergebnis dieser Beweisaufnahme sogleich berücksichtigen und die Entscheidung in demselben Termin erlassen. Denn der Verletzte hätte erscheinen können.

Das Oberversicherungsamt entscheidet über den vom Verletzten erhobenen Anspruch nach freiem Ermessen, aber innerhalb der S. 54 bezeichneten Grenzen. Die Beratung und Abstimmung erfolgt geheim, die Verkündung des Urteils jedoch wieder öffentlich. Der Verletzte oder sein gesetzlicher Vertreter oder sein Bevollmächtigter erhält eine schriftliche Ausfertigung des Urteils. In diesem werden die Gründe der Entscheidung mitgeteilt; **ferner**
1692 Abs. 1 **muß, falls gegen das Urteil Rekurs nicht zulässig ist** (S. 70, 71), **dies in dem Urteil besonders angegeben werden. Dieser Hinweis soll den Verletzten davon abhalten, unnötigerweise Rekurs einzulegen, der vom Rekursgericht doch schon formell als unzulässig zurückgewiesen werden muß, ohne daß geprüft werden darf, ob der Anspruch des Verletzten sachlich gerechtfertigt ist.**

Dagegen wird nicht besonders hervorgehoben, daß das Urteil mit dem Rekurse angefochten werden kann. **Der Verletzte kann daher, wenn er in dem Urteil des Oberversicherungsamts keinen anderen Vermerk findet, annehmen, daß der Rekurs zulässig ist.** Es ist hier also anders wie bei der Vorentscheidung des Vorsitzenden, in der dem Verletzten ausdrücklich gesagt wird, welche Rechtsbehelfe er hat (S. 61).

Das Oberversicherungsamt soll, wenn es den Entschädigungs- 1679, 1668
anspruch für begründet hält, zugleich Betrag und Beginn der Rente feststellen. Ist dies ausnahmsweise nicht möglich, so muß es den Anspruch dem Grunde nach anerkennen und zugleich eine vorläufige Leistung anordnen und dem Betrage nach fest-
stellen. Es kann auch eine andere B.G., die am Streit nicht beteiligt 1687
ist, zur Entschädigung verurteilen. Dies kann unter Umständen für den Verletzten von großer Wichtigkeit sein. Gewöhnlich müssen gewerbliche B.G.en die Renten der Verletzten nach einem höheren Jahresarbeitsverdienste berechnen als die landwirtschaftlichen, so daß auch der Geldbetrag der Rente höher wird. Wenn also der Verletzte mit einer landwirtschaftlichen B.G. im Prozeß liegt, aber der Meinung ist, daß er von einer gewerblichen B.G. entschädigt werden müsse, weil er in einem zu dieser B.G. gehörigen Betriebe seinen Unfall erlitten habe, so wird er die Beiladung und Verurteilung dieser B.G. beantragen. Das Oberversicherungsamt kann aber diese B.G. dann nicht verurteilen, wenn diese B.G. in einer anderen Entscheidung, die in einem früheren Unfallversicherungsverfahren erlassen ist, bereits endgültig als nicht entschädigungspflichtig erklärt ist. In diesem Falle kann die andere B.G. nur
vom Reichsversicherungsamt (oder Landesversicherungsamt 1703 (1704)
S. 63, 68) im Rekursverfahren verurteilt werden.

Im Urteil hat das Berufungsgericht auch zahlenmäßig festzu-
stellen, in welchem Betrage die unterlegene Partei dem Gegner 1679, 1670
die ihm entstandenen Kosten zu erstatten hat. Zu diesen Kosten gehören nicht diejenigen Kosten, die vom Oberversicherungsamt selbst veranlaßt worden sind (sog. „gerichtliche" Kosten); diese werden, wie bereits besprochen wurde (S. 63), im Urteil gar nicht erwähnt, sondern außerhalb der mündlichen Verhandlung vom Vorsitzenden festgesetzt. Im Urteil der Spruchkammer wird vielmehr nur über diejenigen Kosten entschieden, die von den Parteien aus

eigener Entschließung zur Wahrnehmung ihrer Rechte aufgewendet worden sind (sog. *„außergerichtliche“ Kosten*). Der Verletzte tut gut, schon in der Berufungsschrift oder im Laufe des Verfahrens anzuzeigen, wie hoch die ihm entstandenen Kosten sind. **Unterliegt der Verletzte, wird also seine Berufung zurückgewiesen, so kann er Erstattung der ihm entstandenen Kosten nicht verlangen.** Auch können ihm auf Verlangen der B.G., da sie obsiegt, diejenigen *besonderen* Kosten auferlegt werden, die ihr durch das Verfahren vor dem Berufungsgericht, insbesondere durch ihre Vertretung im Termin entstanden sind. **Im übrigen ist das Verfahren vor dem Oberversicherungsamt für den Verletzten kostenfrei.** Denn die
80 Kosten der Gerichtshaltung und die sonstigen „gerichtlichen“ Kosten (z. B. Kosten der Beweisaufnahme, namentlich Gebühren der Zeugen und der Ärzte) trägt der Staat, der einen Teil wieder von der B.G. einzieht. **Jedoch können die eben genannten „sonstigen“ Kosten**
1802 **ganz oder teilweise dem Verletzten auferlegt werden, wenn er sie durch Mutwillen, Verschleppung oder Irreführung veranlaßt hat.** Z. B. das Oberversicherungsamt hat sich zur Einholung eines ärztlichen Gutachtens durch die falsche Behauptung des Verletzten bestimmen lassen, der Arzt habe den Zusammenhang seines Leidens mit dem Unfall bejaht. **Siegt der Verletzte, wenn auch nur teilweise, so können ihm je nach den Umständen des einzelnen Falls alle ihm erwachsenen Kosten oder auch nur ein Teil von ihnen zugesprochen werden. Erstattungsfähig sind sie nur, soweit sie zur zweckentsprechenden Verfolgung des Anspruchs notwendig waren.** Inwieweit dies der Fall ist, hat das Gericht nach freiem Ermessen zu entscheiden. Als außergerichtliche Kosten kann der obsiegende Verletzte namentlich erstattet verlangen:

1. Die Auslagen, die er für Anfertigung von Schriftsätzen und für Beschaffung von ärztlichen Gutachten und durch gezahltes Postgeld (Porto) gehabt hat. Indessen werden ihm diese Auslagen nur *im angemessenen Betrage* zugesprochen. **Hat er also zu viel bezahlt, so kann er nicht auf vollständige Vergütung rechnen. Dies mag er besonders bedenken, wenn er sich an einen Rechtskonsulenten (Gewerbeschreiber, Volksschreiber, Privatschreiber) wendet. Viele dieser gewerbsmäßigen Schreiber lassen sich ungebührlich hoch bezahlen. Das, was sie dafür leisten, entspricht oft nicht im entferntesten der geforderten Vergütung. Den Scha-**

den haben allemal die Verletzten zu tragen. Diesen kann ferner nur eine große Zurückhaltung empfohlen werden, ehe sie etwa Reisen unternehmen, um sich ärztliche Gutachten zu beschaffen, und sich dadurch erhebliche Kosten machen. Ob das Gericht diese Kosten als zweckentsprechend aufgewendet ansehen wird, ist immerhin recht zweifelhaft;

2. die Kosten, die der Verletzte durch Erscheinen vor dem Oberversicherungsamt gehabt hat (Reise-, Wohnungs-, Zehrkosten, entgangener Arbeitsverdienst);

3. die Gebühren der Prozeßbevollmächtigten, auch der Rechtsanwälte. **Für die Leistungen der Vertreter werden natürlich auch nur angemessene Beträge festgesetzt. Es kann auch hier den B.G.en nicht zugemutet werden, jeden beliebigen Betrag zu vergüten, den die Vertreter von den Verletzten verlangen.** Auch die Vergütung für die Tätigkeit eines Rechtsanwalts kann nur in bestimmten 1804,
Grenzen zugesprochen werden. G.B.R.A. Die Gebührenordnung für Rechtsanwälte, die für das Verfahren vor den ordentlichen Gerichten gilt, findet keine Anwendung. Die Vergütung beträgt im Verfahren vor dem Oberversicherungsamt 3—50 Mark*) und wird vom Gericht innerhalb dieses Rahmens nach freiem Ermessen bestimmt, je nach der Notwendigkeit, dem Umfang und der Schwierigkeit der anwaltlichen Tätigkeit. Für die Teilnahme des Anwalts an Beweisverhandlungen außerhalb des Sitzes des Oberversicherungsamts kann den Verletzten außerdem eine angemessene Entschädigung zugebilligt werden. Dagegen werden die Kosten für Reisen des Anwalts zur mündlichen Verhandlung oder zu anderen Zwecken sowie sonstige Auslagen nicht besonders erstattet. Jedoch ist bei der Festsetzung der obengenannten Vergütung innerhalb der dafür gezogenen Grenzen auch auf Schreibgebühren, Postgeld oder sonstige Auslagen Rücksicht zu nehmen. Der Anwalt darf von dem Verletzten keine höheren Beträge als die genannten verlangen. 1805

Ist in der Urteilsformel der Kostenpunkt ganz oder teilweise 1679, 1674
übergangen, so kann der Verletzte die Ergänzung des Urteils beantragen. Über den Antrag kann auch ohne besondere mündliche Verhandlung entschieden werden. Auch kann das Rekursgericht, wenn der Rekurs überhaupt zulässig ist (S. 70), den Kostenpunkt in seiner Entscheidung mit berücksichtigen.

*) vor dem Reichsversicherungsamt 5—100 Mark

VI. Wie haben sich die Verletzten (oder ihre Hinterbliebenen) zu verhalten, wenn sie mit der Entscheidung des Oberversicherungsamts nicht zufrieden sind? (Rekursverfahren)

In Zukunft werden in den meisten Fällen die Urteile der Spruchkammern der Oberversicherungsämter endgültig sein, weil den am Verfahren beteiligten Parteien kein Rechtsmittel dagegen zusteht (S. 70, 71). **In manchen Fällen aber ist es den Verletzten (und den B.G.en** (S. 70) **erlaubt, gegen die Berufungsurteile oder die „Vorentscheidungen" des Vorsitzenden des Oberversicherungsamts** (S. 61) **binnen einem Monat nach Zustellung der Entscheidung „Rekurs" einzulegen, namentlich dann, wenn es sich um die erste Festsetzung einer endgültigen Rente handelt** (S. 70). Durch die Erhebung des Rekurses wird die Sache noch weiter hinauf vor eine dem Oberversicherungsamt
1708 übergeordnete Spruchbehörde gebracht. **In der Regel ist dies das Reichsversicherungsamt** (R.V.A.) **in Berlin** (zuweilen, wenn nur eine B.G. beteiligt ist und sich ihr Bezirk nicht über den Bezirk des Bundesstaats hinaus erstreckt, das zuständige Landesversicherungsamt (S. 10). Das Rekursverfahren ist im großen und ganzen ein zweites Berufungsverfahren. **Das Rekursgericht prüft daher
1701, 1679 ebenso wie das Berufungsgericht den Streitstoff nach allen Richtungen hin,** also auch daraufhin, ob in tatsächlicher Hinsicht der Sachverhalt vom Oberversicherungsamt genügend aufgeklärt worden ist oder noch der Aufklärung durch weitere Ermittlungen bedarf. **Der Verletzte kann sich daher im Rekursverfahren ebenso verhalten
1709 wie im Berufungsverfahren. Er fertigt insbesondere eine Rekursschrift (Muster** S. 101) und eine Abschrift für die B.G. (S. 56) **an, in welcher er ähnlich wie in der Berufungsschrift auch nur zu sagen braucht, daß er in seiner Unfallversicherungssache gegen die beteiligte B.G. Rekurs gegen das Urteil des Oberversicherungsamts in ..... vom ......** (Tag der Urteilsverkündung) **einlege** (S. 55). Wenn er nicht gerade den Ausdruck „Rekurs" gebraucht, so schadet dies nicht. **Es reicht hin, wenn er nur zu erkennen gibt, daß er mit dem Berufungsurteil unzufrieden ist.** Er kann natürlich die Rekursschrift auch von einem anderen, dem er Vollmacht erteilt

(S. 57), anfertigen lassen. **Die Rekursschrift muß binnen einem Monat, nachdem ihm das Urteil des Oberversicherungsamts zugestellt ist, bei dem R.V.A.** (oder Landesversicherungsamt — S. 68 —) **oder auch bei einer anderen Behörde oder einer** 129 Abs. 2
V.G. (S. 44) **eingehen.** Endlich kann er, wenn er in Großberlin wohnt, auch im Anmeldebureau des R.V.A.s unter Vorzeigung des Urteils des Oberversicherungsamts den Rekurs zu Protokoll erklären. Auch diese Erklärung muß binnen der einmonatigen Frist erfolgen. Einen Fall gibt es, in welchem der Verletzte zur Einlegung des Rekurses ein ganzes Jahr Zeit hat, nämlich wenn 1711
der Vorsitzende des Oberversicherungsamts zu Unrecht auf dem Berufungsurteil vermerkt hat, daß Rekurs gegen dieses Urteil nicht zulässig sei (S. 64). Der Verletzte braucht daher in diesem Falle nicht erst einen Antrag auf „Wiedereinsetzung in den vorigen Stand“ (S. 46) zu stellen.

In der Rekursschrift oder der protokollarischen Erklärung oder auch in weiteren Schriftsätzen, überhaupt im ganzen Rekursverfahren kann der Verletzte, wenn er will, (wie schon im Berufungsverfahren) noch weitere Ausführungen machen, auch neue Tatsachen geltend machen und neue Beweismittel, besonders Zeugen benennen. Ebenso kann er, erforderlichenfalls gegen Vorschießung der Kosten, beantragen, 1701, 1681
daß ein von ihm ausgewählter Arzt gutachtlich gehört werde (S. 59). In der allgemeinen Zulässigkeit einer Beweisaufnahme unterscheidet sich der Rekurs von der „Revision“. Dies ist das Rechtsmittel, mit welchem die Urteile der Oberversicherungsämter in der Krankenversicherung (S. 5) sowie in der Invaliden- und Hinterbliebenenversicherung beim R.V.A. angefochten werden dürfen. Das Revisionsgericht kann die angefochtene Entscheidung nicht in tatsächlicher Hinsicht nachprüfen, sondern muß den Sachverhalt, der dem Oberversicherungsamt bis zur Entscheidung vorgelegen hat, und zwar so, wie das Oberversicherungsamt ihn aufgefaßt hat, als richtig annehmen; neue Behauptungen oder neue Beweismittel können im Revisionsverfahren nicht mehr berücksichtigt werden. In diesem Verfahren kommt es daher selten zu einer Beweisaufnahme, im Rekursverfahren dagegen oft.

So ähnlich das Rekursverfahren dem Berufungsverfahren ist, so bestehen doch auch mancherlei Unterschiede. Während die Berufung nur von dem Verletzten, nicht auch von der V.G. eingelegt werden kann, steht der Rekurs **beiden** Parteien, also auch der B.G. zu. Die B.G. kann sich z. B. dadurch benachteiligt fühlen, daß das Oberversicherungsamt den vom Verletzten geltend gemachten Unfall als erwiesen angesehen oder als Betriebsunfall anerkannt hat. Oder es kann auch vorkommen, daß beide Parteien mit dem Urteil des Oberversicherungsamts nicht zufrieden sind und beide Rekurs erheben, z. B. wenn das Berufungsgericht dem Verletzten eine Rente zugesprochen hat, die diesem noch nicht hoch genug, der B.G. aber zu hoch erscheint. **Hat die B.G. Rekurs eingelegt, so braucht der Verletzte gar nichts zu tun.** Wenn er will, kann er aber die Zurückweisung des Rekurses beantragen, er kann ferner darlegen, inwiefern er die An- und Ausführungen der B.G. für unrichtig hält, kann auch, wie wenn er Rekurs eingelegt hätte, zur Bekräftigung seiner Behauptungen Beweismittel, namentlich Zeugen namhaft machen und Auskünfte, Bescheinigungen u. dgl. einreichen.

Die bedeutsamste Besonderheit des Rekursverfahrens besteht aber darin, daß, wie schon erwähnt (S. 28, 64, 68), der Verletzte — ebenso wie die B.G. — in vielen, weniger wichtigen Fällen, in denen es sich meist um geringfügigere Beträge handelt, überhaupt nicht Rekurs einlegen darf. Tut er es dennoch, so muß er damit rechnen, daß sein Rekurs ohne jede Prüfung des Anspruchs als unzulässig zurückgewiesen wird. **Im allgemeinen ist der Rekurs gestattet:**

1. wenn eine Entschädigung des Verletzten überhaupt abgelehnt wird,

2. wenn eine endgültige Rente

a) überhaupt zum ersten Male oder:

b) — was diesem Falle gleichgeachtet wird — nach Beendigung einer Heilanstaltsbehandlung festgesetzt wird (S. 34)*).

1700 **Dagegen können Berufungsurteile durch Rekurs in folgenden Fällen nicht angefochten werden; hier entscheidet also das Oberversicherungsamt endgültig.**

1700 Nr. 1, 4, 5, 6 I. Zunächst gehören hierher die meisten Fälle, in denen die B.G. **andere Leistungen als Unfallrente** gewähren soll, z. B. Kranken-

*) Andere Fälle s. S. 37 (zeitweise Versagung der Rente wegen verweigerten Heilverfahrens, insbesondere wegen verweigerter Heilanstaltspflege), S. 38 (dauernde Versagung der Entschädigung wegen strafbarer Veranlassung des Unfalls), S. 39 (Einstellung der ruhenden Rente).

behandlung (ärztliche Behandlung, Arznei, Heilmittel, Hilfsmittel, S. 28, 30), oder Ersatz der Kosten des Heilverfahrens, die der Verletzte selbst aufgewendet hat, oder Hauspflege (S. 35), oder Heilanstaltspflege (S. 33), oder Angehörigenrente während der Dauer der Heilanstaltspflege (S. 33), oder Sterbegeld (S. 38).

II. Der Rekurs ist **aber auch in gewissen Fällen** ausgeschlossen, **in denen es sich um die Unfallrente selbst*) handelt:**

1. Wenn der Verletzte Rekurs eingelegt hat und im Laufe des 1700 Nr. 2
Rekursverfahrens zugibt, daß seine Erwerbsfähigkeit vollständig wiederhergestellt ist, so wird sein Rekurs unzulässig. Denn dann verlangt er mit seinem noch schwebenden Rekurs eine Rente nur noch für einen Zeitraum, der bereits verstrichen ist. Dieser Anspruch wird als zu geringfügig angesehen, als daß sich das Rekursgericht als oberste Spruchbehörde sachlich noch damit befassen sollte. Hat dagegen die B.G. Rekurs eingelegt, so wird dieser Rekurs nicht dadurch unzulässig, daß der Verletzte plötzlich erklärt, er sei in seiner Erwerbsfähigkeit nicht mehr beeinträchtigt. Denn sonst könnte es vorkommen, daß der Verletzte die ihm von dem Oberversicherungsamt zugesprochene Rente behalten muß, obwohl er selbst zugibt, daß er durch Unfallfolgen gar nicht mehr behindert ist. Dies wäre unbillig gegen die B.G. Deshalb geht in einem solchen Falle das Rekursverfahren trotz der Erklärung des Verletzten weiter, und das Rekursgericht entscheidet, ob und inwieweit dem Verletzten die vom Oberversicherungsamt zuerkannte Rente bleibt oder nicht.

2. Ein Verletzter ist mit der ihm vom Oberversicherungsamt 1700 Nr. 3
zugesprochenen Rente im allgemeinen zufrieden, verlangt aber für einen Zeitraum, der bereits verstrichen ist, eine höhere Rente, oder: die B.G. glaubt, daß die dem Verletzten vom Oberversicherungsamt für diesen Zeitraum zuerkannte Rente zu hoch ist, und möchte deshalb wegen dieses Punktes das Berufungsurteil anfechten. Aber weder der Verletzte noch die B.G. ist in solchen Fällen berechtigt, Rekurs zu erheben. Oder: Ein Verletzter beansprucht von der B.G. eine Rente, stirbt aber im Laufe des Berufungsverfahrens, und seine Erben setzen das Verfahren fort (S. 61) und verlangen die Rente, die dem Verletzten bis zu seinem

*) Über Unzulässigkeit des Rekurses bei allen Rentenänderungen S. 84.

Tode zugestanden hat (sog. Erbenrente — S. 16 Anm. —).*) Dann können sie, wenn sie mit der Entscheidung des Berufungsgerichts nicht einverstanden sind, doch nicht Rekurs erheben. In allen diesen Fällen besteht zwischen dem Verletzten (oder seinen Erben) und der B.G. Streit nur noch über Rententeile, die für schon abgelaufene Zeiträume verlangt werden oder gewährt worden sind. Auch diese Fälle werden als so geringfügig erachtet daß das Rekursgericht ihretwegen nicht in Anspruch genommen werden soll.

1700 Nr. 7, 3. **Alle Fälle, in denen es sich um vorläufige Renten**
1585 (S. 26) **handelt, können nicht vor das Rekursgericht gebracht werden,** also auch dann nicht, wenn solche Renten zum ersten Male festgesetzt werden sollen (anders bei den endgültigen Renten, S. 25, 26, 70).

1700 Nr. 9 4. Hat die B.G. an Stelle der Rente für den Verletzten eine Kapitalabfindung festgesetzt, so entscheidet das Oberversicherungsamt endgültig (S. 40).

1700 Nr. 10 5. Ist der Verletzte mit der Entscheidung des Oberversicherungsamts in der Hauptsache zufrieden, glaubt er aber, daß ihm das Berufungsgericht zu wenig Kosten, die ihm durch das Verfahren entstanden sind, zugesprochen hat, so **kann er der Kosten allein wegen niemals Rekurs einlegen,** und zwar auch dann nicht, wenn die B.G. Rekurs erhebt und die Sache dadurch sowieso vor das Rekursgericht gelangt. Natürlich ist der Verletzte berechtigt, wenn
1707 er überhaupt wegen Unfallentschädigung das Berufungsurteil anficht, zugleich auch den Kostenpunkt zu bemängeln.

Auch sonst kann der Verletzte einen unzulässigen Rekurs doch vor das Rekursgericht bringen, indem er ihn mit einem zulässigen Rekurs verbindet. Wenn z. B. das Oberversicherungsamt die B.G. zwar zur Zahlung einer endgültigen Rente verurteilt hat, aber nicht zu den Kosten des Heilverfahrens, die der Verletzte aufgewendet hat und von der B.G. erstattet verlangt, so kann dieser ausnahmsweise (S. 71) auch wegen der Heilkosten dann Rekurs einlegen, wenn er zugleich eine höhere Rente, als das Berufungsgericht ihm zugesprochen hat, beansprucht. Zweck hat aber dieses Verfahren nur, wenn der Verletzte Aussicht hat, auch mit seinem

*) nicht zu verwechseln mit dem Falle, daß die Hinterbliebenen eines Verletzten für sich eine Rente vom Tode ab („Hinterbliebenenrente") verlangen.

Anspruch auf eine höhere Rente durchzudringen. Denn besteht diese Aussicht nicht, so kann das Berufungsurteil überhaupt nicht, also auch wegen der Heilkosten nicht, geändert werden, und zwar selbst dann nicht, wenn es hinsichtlich der Heilkosten tatsächlich unrichtig ist. Es soll eben verhindert werden, daß der Verletzte einen zulässigen Rekurs, mit dem er aber voraussichtlich nicht siegen wird, trotzdem einlegt lediglich zu dem Zweck, einen unzulässigen Rekurs bei dem Rekursgericht anzubringen. Der unzulässige Rekurs wird auch dadurch nicht zulässig, daß die B.G. einen zulässigen Rekurs erhebt.

Mit den bisher erwähnten Besonderheiten sind die Eigentümlichkeiten des Rekursverfahrens gegenüber dem Berufungsverfahren noch nicht erschöpft. Durch die Berufung wird die Ausführung des Endbescheids nur aufgeschoben, wenn es sich, abgesehen von der Kapitalabfindung, um die Wiederaufnahme des Heilverfahrens handelt (S. 37). Der Rekurs hat außer in diesem Fall auch noch in einem anderen Fall „aufschiebende Wirkung". **Ist die B.-G. vom** 1701, 1710
Oberversicherungsamt zur Rentenzahlung verurteilt worden, und ficht sie diese Entscheidung durch Rekurs an, so braucht sie die Rente vorläufig erst vom Tage der Entscheidung ab nebst den dem Verletzten zugesprochenen Kosten zu zahlen. Für die Vergangenheit, d. h. für die Zeit vor dem Berufungsurteil, muß sie die Rente erst nachzahlen, wenn sie den Rekurs verliert. Für den Fall, daß sie mit dem Rekurse siegt, soll sie aber wenigstens zum Teil ihr Geld nicht verlieren. Müßte sie auch die vor dem Berufungsurteil fälligen Renten ohne weiteres sogleich zahlen, so würde sie dieses Geld, auch wenn ihr Rekurs Erfolg hat, von dem unbemittelten Verletzten kaum wiedererhalten. Was die seit dem Berufungsurteil gezahlten Beträge betrifft, so kann der Vorstand der schließlich obsiegenden B.G., da er wie ein Vormund fremdes Vermögen getreu verwalten muß, nicht ohne weiteres auf die Rückerstattung der zu Unrecht gezahlten Renten verzichten. Er müßte danach versuchen, sie von dem Verletzten beizutreiben. Da dies aber vielfach zwecklos sein und mehr Kosten machen würde, als die Sache wert ist, so ist er ausdrücklich durch das Gesetz ermächtigt worden, auf die Rück- 620, 955, 1117
zahlung zu verzichten.

Auch das weitere Verfahren weist Unterschiede von dem Berufungsverfahren auf. Eine „Vorentscheidung", wie sie der Vor-

sitzende des Oberversicherungsamts allein in allen Sachen erlassen kann (S. 61), gibt es im Rekursverfahren nicht. Etwas Ähnliches gibt es nur für folgende Fälle. Ist nämlich der Vorsitzende eines
1713 Spruchsenats mit dem „Berichterstatter", der die Sache zuerst zu bearbeiten hat, darüber einig, daß ein Rekurs unzulässig oder verspätet ist, so kann er allein durch einfache Verfügung ohne irgend eine mündliche Verhandlung den Rekurs „verwerfen". Jedoch kann der Verletzte in dem einen dieser Fälle, nämlich wenn der Rekurs als verspätet verworfen ist, gegen die Verfügung binnen einer Woche nach Zustellung die Entscheidung des vollbesetzten Spruchsenats anrufen, z. B. kann er geltend machen, er habe bei einer anderen Behörde oder einer B.G. (S. 69) rechtzeitig Rekurs eingelegt. Auf diese Befugnis wird er von dem Vorsitzenden in der Verfügung besonders hingewiesen. **In allen übrigen Fällen findet Termin zur mündlichen Verhandlung vor dem Spruchsenat statt** („Spruchverfahren"). Dieser besteht bei dem R.V.A. und den Landesversicherungsämtern
98, 108 Abs. 2; 99 (S. 68) aus 7 Mitgliedern, nämlich einem Vorsitzenden (in der Regel ein „Senatspräsident"), einem vom Bundesrate gewählten nichtständigen Mitglied, einem ständigen Mitglied (Regierungsrat), zwei hinzugezogenen richterlichen Beisitzern, einem Arbeitgeber und einem Versicherten. In gewissen Fällen entscheidet der
101 „Große Senat" des R.V.A.s in der Besetzung von 11 oder 13 Mit-
1702 gliedern. Die Arbeitgeber und Versicherten gehören dem Gewerbe, der Land- und Forstwirtschaft oder der Seeschiffahrt an, je nach der Natur der Unfallsache, die verhandelt werden soll. Vor den Spruchsenaten findet eine mündliche Verhandlung auch dann statt, wenn es sich gar nicht um ein Rekursverfahren handelt, sondern wenn
1736 Abs. 3, 1701 eine B.G. eine Unfallsache, in welcher zweifellos ein entschädigungspflichtiger Unfall vorliegt, sofort dem R.V.A. vorlegt, damit dieses zunächst nur darüber entscheide, welche B.G. den Verletzten für die Folgen seines Unfalls zu entschädigen hat (besonders schleuniges sog. „Vorverfahren").

Vor dem Spruchsenat des R.V.A.s (bzw. Landesversicherungsamts) kann sich der Verletzte wie vor der Spruchkammer des Oberversicherungsamts durch Bevollmächtigte vertreten lassen. Indessen
1714 ist nicht jeder, der zur geschäftsmäßigen Vertretung vor einem Oberversicherungsamt zugelassen ist (S. 58), auch ohne weiteres be-

fähigt, vor der obersten Spruchbehörde aufzutreten. Es bedarf vielmehr dazu der besonderen Zulassung durch das R.V.A. (bzw. Landesversicherungsamt). Wird der Vertreter zurückgewiesen, so hat er keine Möglichkeit, diesen Beschluß anzufechten. **Darauf mögen die Verletzten achten, ehe sie einen geschäftsmäßigen Vertreter bevollmächtigen** (S. 57). **Auch muß davor gewarnt werden, von auswärts einen Vertreter nach Berlin zu senden. Dies erfordert gewöhnlich bedeutende Kosten, auf deren Ersatz der Verletzte nicht sicher rechnen kann. Wenn er schon sich vor dem R.V.A. vertreten lassen will, so gibt es in Berlin Rechtsauskunftstellen genug, die unentgeltlich dem Verletzten mit Rat und Tat zur Seite stehen, und deren Vertreter beim R.V.A. zugelassen sind. An diese können sich die Verletzten wenden. Auf das Verzeichnis unentgeltlicher Rechtsauskunftstellen wird Bezug genommen** (S. 103 ff.). **Von Amts wegen werden übrigens vom R.V.A. für die Verletzten keine Vertreter gestellt. Ein persönliches Erscheinen des Verletzten vor dem R.V.A. ist meist überflüssig, da seine Ansprüche von Amts wegen geprüft werden, gewöhnlich aber auch kostspielig, weil die Reise nach Berlin und zurück mehrere Tage erfordert. Noch weniger ratsam ist es für den Verletzten, einen Reisebegleiter mit nach Berlin zu bringen. Denn siegt der Verletzte nicht, so bekommt er überhaupt keine Auslagen erstattet; siegt er, so werden ihm nur die Beträge ersetzt, die er zweckentsprechend aufgewendet hat, und siegt er nur teilweise, so kann ihm auch nur ein entsprechender Teil seiner Auslagen und sonstigen Kosten vergütet werden** (S. 66, 67). Werden im Rekursverfahren zwei Termine erforderlich, so läuft der Verletzte, der zu beiden Terminen erscheint, Gefahr, daß ihm die Kosten für die Reise zum zweiten Termin selbst dann nicht ersetzt werden, wenn er siegt; denn gewöhnlich wird er im zweiten Termin nichts Sachdienliches mehr anführen können, und dann werden die von ihm für diese Reise aufgewendeten Kosten nicht als zweckentsprechend angesehen. **Auch Vorschüsse für die Reise nach Berlin können weder von den V.G.en noch vom R.V.A. gewährt werden. Ebensowenig können einem Verletzten, der auf Veranlassung des R.V.A.s ärztlich untersucht oder beobachtet werden soll, die Kosten zur Bestreitung der Reise zum Arzt oder zum Kran-**

kenhaus vom R.V.A. vorgeschossen werden. Es muß ihm vielmehr überlassen bleiben, die nötigen Mittel für diese Reise sich vorläufig selbst zu beschaffen, etwa durch Inanspruchnahme seiner Ortsbehörde. Dies wird ihm nicht schwer fallen, wenn er der Behörde schriftlich sein Einverständnis damit erklärt, daß das R.V.A. die Reisekosten demnächst, wenn die Ortsbehörde es beantragt, an diese statt an den Verletzten selbst erstattet. Während der Dauer der Beobachtung bezieht der Verletzte übrigens seine Rente weiter, die Angehörigen aber erhalten keine Rente.

Die Entscheidungen des R.V.A.s sind endgültig, werden daher sofort mit ihrer Zustellung wirksam und unabänderlich („rechtskräftig"). Eine höhere Spruchbehörde über dem R.V.A. gibt es nicht. Die B.G.en sind demgemäß verpflichtet, unverzüglich die Entscheidungen in vollem Umfang auszuführen, gegebenenfalls die Höhe der Entschädigung und deren Beginn festzusetzen.

VII. Unter welchen Voraussetzungen kann eine festgesetzte Rente herabgesetzt (oder entzogen) oder erhöht oder eine entzogene Rente wiedergewährt oder eine ursprünglich wegen Erwerbsfähigkeit des Verletzten abgelehnte Rente später gewährt werden? (Rentenänderung, Neufeststellung der Rente)

1. Änderung einer festgesetzten Rente zuungunsten des Verletzten (Herabsetzung oder Entziehung der Rente).

Hat ein Unfallverletzter durch Bescheid, Urteil oder Vergleich eine Unfallrente erhalten, sei es eine vorläufige oder eine endgültige, so muß die B.G. sie ihm so lange belassen, als er durch die Folgen seines Unfalls in demselben Grade wie bisher in seiner Erwerbsfähigkeit beeinträchtigt wird. Tritt aber in den Unfallfolgen eine wesentliche Änderung durch Besserung oder Verschlimmerung ein, dann kann die
608, 955, 1115 bisherige Rente, auch wenn sie nicht bloß als vorläufige festgesetzt worden ist (S. 25), geändert werden.

Eine Rente, die dem Verletzten von vornherein auf Lebenszeit belassen werden müßte, gibt es, wie bereits erwähnt (S. 27), nicht, und zwar selbst dann nicht, wenn sie von der B.G. dem Verletzten in einem Bescheid oder einem Vergleich ausdrücklich „dauernd" oder „auf Lebenszeit" zugesprochen worden ist. Also auch solche Renten können geändert werden. Die B.G. kann die früher festgesetzte Rente herabsetzen oder dem Verletzten ganz entziehen:

1. wenn in dem Befund, der zur Zeit der Festsetzung der bisherigen Rente vorhanden war, eine „wesentliche" Besserung eingetreten ist (sog. „objektive" Besserung),

2. wenn zwar eine solche Besserung äußerlich nicht zu bemerken ist, der Verletzte sich aber an die Unfallfolgen derart gewöhnt hat, daß dadurch seine Erwerbsfähigkeit eine wesentlich bessere geworden ist (sog. Gewöhnung, Anpassung), z. B. der Verletzte lernt es, den Verlust eines Auges durch erhöhte Gebrauchsfähigkeit des anderen Auges oder den Verlust eines Fingers durch erhöhte Geschicklichkeit der anderen Finger zu ersetzen.

Aber nicht jede Änderung in dem Gesundheitszustande des Verletzten berechtigt zur Rentenminderung. Sie muß vielmehr folgendermaßen beschaffen sein:

1. sie muß dauernd, — nicht nur vorübergehend oder unsicher oder schwankend — sein,

2. sie darf in der Regel nicht weniger als 10 % betragen,

3. sie muß in den Unfallfolgen selbst eingetreten sein.

Zur Rentenherabsetzung genügt es z. B. nicht, daß der Verletzte sein bisheriges Arbeitsverhältnis gewechselt oder eine andere Stellung mit höherem Einkommen erlangt hat, wenn nicht gleichzeitig die Unfallfolgen selbst sich gebessert haben. Ebensowenig kann die Rente, die z. B. für die Beschädigung eines Beins gezahlt wird, aufgehoben werden, wenn der Verletzte durch andere Ursachen als durch Unfallfolgen das Bein ganz verliert. Endlich kann eine Herabsetzung der Rente auch dann nicht erfolgen, wenn von der B.G. ein neues ärztliches Gutachten eingeholt ist, in welchem zwar die Erwerbsfähigkeit des Verletzten besser als bisher beurteilt, aber nicht dargelegt wird, ob und inwiefern eine tatsächliche Besserung oder Verschlimmerung in den Unfallfolgen selbst seit der letzten Rentenfestsetzung eingetreten ist.

Von dem Grundsatz, daß eine Rente nur geändert werden kann, wenn die Unfallfolgen sich geändert haben, gibt es drei Ausnahmen:

1585 Abs. 2 1. Soll eine vorläufige Rente (S. 25) in eine endgültige Rente geändert, also eine solche endgültige Rente zum ersten Male festgesetzt werden, so kann dies geschehen, auch wenn die tatsächlichen Verhältnisse sich nicht geändert haben (S. 26).

2. Hat eine B.G., um dem Verletzten noch einige Schonung zu ermöglichen und ihm Zeit zur Gewöhnung an die Arbeit zu geben, in wohlwollender Weise zunächst eine Rente höher festgesetzt, als genau genommen die Erwerbsfähigkeit beeinträchtigt ist, und ist diese Rente nur für eine gewisse Übergangszeit bestimmt (Übergangsrente, Gewöhnungsrente, Schonungsrente), dann genügt der Ablauf der Übergangszeit zur Rentenänderung; es braucht nicht eine wesentliche Besserung der Unfallfolgen nachgewiesen zu werden. Sonst würden die B.G.en Bedenken tragen, dem Verletzten eine höhere Rente zu gewähren, als dem Grade seiner Erwerbsunfähigkeit entspricht. Indessen muß die bisherige Rente wirklich höher gewesen sein, als es nach dem ärztlichen Befund nötig war. Ist dies nicht der Fall, ist aber trotzdem die Rente ausdrücklich nur als „Übergangsrente" gewährt worden, so hilft dies der B.G. nichts. Dann muß wie gewöhnlich eine Besserung des Zustands des Verletzten dargetan werden, ehe die bisherige Rente gemindert werden kann.

3. Ist eine Rente rechtskräftig festgestellt worden, und hat die B.G. an Stelle dieser Rente freie Kur und Verpflegung in einem Krankenhause (Heilanstaltspflege S. 30) gewährt, so ist damit die Festsetzung der früheren Rente außer Kraft getreten. Deshalb muß nach Beendigung der Krankenhausbehandlung allemal eine neue Rente festgesetzt werden, also auch dann, wenn durch die Behandlung eine Besserung in den Unfallfolgen nicht eingetreten ist. In den letztgenannten Fällen wird allerdings die neue Rente meist ebenso hoch sein wie die frühere. Sie kann aber auch, z. B. wenn die frühere Rente den tatsächlichen Verhältnissen nicht gerecht wurde, höher oder niedriger als diese Rente festgesetzt werden. Selbstverständlich muß eine wirkliche Behandlung stattgefunden haben. Ist sie aus irgendeinem Grunde unterblieben, z. B. weil die Ärzte der Heilanstalt sich von ihr keinen Erfolg versprochen haben,

so kann die frühere Rente wie gewöhnlich nur geändert werden, wenn die Unfallfolgen sich gebessert oder verschlechtert haben. Ebenso ist es, wenn der Verletzte in eine Heilanstalt überhaupt nicht zur Behandlung, sondern nur zur Beobachtung aufgenommen worden ist. In beiden Fällen hat sich der Verletzte im Krankenhaus nur aufgehalten, ohne behandelt worden zu sein; er bezieht deshalb seine bisherige Rente auch während des Aufenthalts in der Heilanstalt weiter und kann diese Rente nur verlieren, wenn eine Besserung nachgewiesen wird.

Ist in den Unfallfolgen eine wesentliche Besserung eingetreten, so kann die bisherige Rente, wenn sie eine vorläufige (S. 25) **war, jederzeit herabgesetzt oder, wenn die Erwerbsfähigkeit des Verletzten durch Unfallfolgen überhaupt nicht mehr oder nicht in meßbarem Grade, d. h. nur noch unter 10% beeinträchtigt wird, auch ganz aufgehoben werden. Anders ist es bei endgültigen Renten** (S. 25). **Sie können nicht schon ohne weiteres beim Vorliegen einer wesentlichen Besserung geändert werden, sondern es muß von dem Tage an, von welchem an sie gewährt worden sind, ein Jahr verflossen sein (sog. Schutzfrist, Schutzjahr).** Dies gilt auch dann, wenn die endgültige Rente noch innerhalb der ersten zwei Jahre nach dem Unfall rechtskräftig festgestellt worden ist, oder wenn die B.G. eine neue Rente nach Heilanstaltsbehandlung feststellen (S. 34) oder die Rente wegen verweigerten Heilverfahrens (S. 35) versagen will. In der ersten Zeit nach dem Unfall wechselt der Zustand des Verletzten häufiger, und deshalb muß die B.G. in der Lage sein, diesem häufigeren Wechsel entsprechend auch die Rente öfter zu ändern. Ist aber einmal ein gewisser Beharrungszustand in den Folgen des Unfalls eingetreten, und hat die B.G. dementsprechend eine endgültige Rente gewährt, so soll der Verletzte für einen nicht zu kurzen Zeitraum in dem Genuß seiner Rente nicht gestört werden. Deshalb rechnet die einjährige Frist auch nicht von dem Bescheid oder Endbescheid ab, durch welchen die bisherige Rente festgesetzt worden ist, sondern von dem Tage an, von welchem ab der Verletzte die Rente tatsächlich bezogen hat. Setzt die B.G. etwa versehentlich die Rente vor Ablauf der Schutzfrist herab, so ist diese Herabsetzung völlig ungültig. Sie wird auch nicht von dem Tage an gültig, wo das Schutzjahr abläuft. Wenn daher der Verletzte einen solchen Endbescheid

609, 955, 1115

der B.G. durch die zulässigen Rechtsmittel (S. 82 ff.) angreift, so müssen die höheren Spruchbehörden den Endbescheid aufheben. Dagegen ist die B.G. nicht gehindert, schon gegen Ende des Schutzjahrs neue Ermittlungen über die Erwerbsfähigkeit des Verletzten anzustellen. Ferner kann die B.G., wenn der Verletzte im einzelnen Falle damit einverstanden ist, seine Rente auch schon vor Beendigung der Schutzfrist herabsetzen. Er soll aber nicht ein für allemal für alle künftigen Herabsetzungen seine Zustimmung im voraus geben; tut er es dennoch, ist er daran trotzdem nicht gebunden.

Ob in den Folgen eines Unfalls, den ein Verletzter erlitten hat, eine wesentliche, zur Rentenminderung berechtigende Besserung eingetreten ist, davon muß sich die B.G. von Zeit zu Zeit unterrichten. Deshalb hat sie, und zwar auch hier von Amts wegen, wenn seit der letzten Rentenfestsetzung ein gewisser, je nach den Umständen des Falls verschiedener Zeitraum verflossen ist, Ermittlungen anzustellen, z. B. Auskünfte von Arbeitgebern und Behörden einzuholen, namentlich aber ärztliche Gutachten auf ihre Kosten zu erfordern. **Den behandelnden Arzt braucht sie nicht wieder, wie bei der ersten Rentenfestsetzung** (S. 19), **zu hören.** Die B.A.er
888, 1030, 1217 können die B.G. mit deren Zustimmung bei der Überwachung der Rentenempfänger unterstützen. Auch sollen sie den B.G.en
1612 Mitteilung machen, wenn sie erfahren, daß eine Unfallrente wegen Änderung der Verhältnisse neu festzustellen oder zu entziehen ist. **Der Verletzte ist, wie sonst, so auch hier zuweilen verpflichtet, bei den erforderlichen Feststellungen in gewisser Weise mitzuwirken, insbesondere sich zur ärztlichen Untersuchung und nötigenfalls zur Beobachtung in einem Krankenhause zu stellen. Weigert er sich dessen ohne triftigen Grund, so ist die B.G. berechtigt, aus seiner Weigerung, die eine Feststellung seines augenblicklichen Zustands unmöglich macht, den für den Verletzten ungünstigen Schluß zu ziehen** (S. 19). **Das gleiche Recht hat sie, wenn der Verletzte ihr nicht einen Wohnungswechsel anzeigt und ihr auf diese Weise die Möglichkeit nimmt, ihn untersuchen zu lassen.** Es kann ihr in solchen Fällen nicht zugemutet werden, die bisherige Rente, die nunmehr vielleicht viel zu hoch ist, auch zukünftig weiter zu zahlen.

Sind die Ermittlungen abgeschlossen, und gewinnt die B.G. die Überzeugung, daß sie dem Verletzten die bisherige Rente belassen

muß, so ist die Sache damit zur Zeit erledigt; der Verletzte erhält keine Nachricht weiter, er bezieht seine Rente nach wie vor. **Glaubt aber die B.G., daß die Rente herabgesetzt oder entzogen werden muß, so hat sie dem Verletzten wie bei der ersten Rentenfestsetzung (S. 23) einen förmlichen, mit der Einspruchsklausel versehenen „Bescheid" zuzustellen. Die Herabsetzung oder Entziehung der Rente tritt aber nicht sofort mit der Zustellung in Kraft, auch nicht, wie früher, mit Ablauf des Monats, in welchem der Bescheid dem Verletzten zugestellt wird, sondern erst mit** 610, 955, 1115
Ablauf des auf die Zustellung folgenden Monats. Die Wirksamkeit des neuen Bescheids ist damit allgemein um einen Monat hinausgeschoben, und der Verletzte bezieht infolgedessen die bisherige Rente länger, als dies durch seinen körperlichen Zustand gerechtfertigt ist. Durch diese neue Regelung soll vermieden werden, daß der Verletzte, wenn ihm erst kurz vor Ablauf eines Monats der neue Bescheid zugestellt wird, sich vor die Notwendigkeit gestellt sieht, seine bisherige Rente schon in den nächsten Tagen zu verlieren, obwohl er noch mit ihr für den nächsten Monat gerechnet und sich demgemäß eingerichtet hatte. Welche Rente die B.G. dem Verletzten künftig zu gewähren hat, muß sie nach pflichtgemäßem Ermessen festsetzen. Die Höhe der zukünftigen Rente richtet sich nicht danach, wie groß die eingetretene Besserung ist, sondern danach, welche Unfallfolgen noch vorhanden sind, und in welchem Grade sie den Verletzten in seiner Erwerbsfähigkeit beeinträchtigen. Wenn z. B. eine wesentliche Besserung eingetreten, aber die bisherige Rente in Anbetracht der noch bestehenden Unfallfolgen trotzdem immer noch angemessen ist, so ist diese Rente weiter zu belassen. **Im übrigen darf durch den neuen Bescheid nur die Höhe der Rente geändert werden. Die übrigen Grundlagen der Entschädigung können nicht wieder in Frage gestellt werden. Sie sind vielmehr bei der ersten Rentenfestsetzung ein für allemal unanfechtbar und unabänderlich festgestellt.** Ist z. B. früher von der B.G. anerkannt oder von den ihr übergeordneten Spruchbehörden angenommen worden, daß der von dem Verletzten behauptete Unfall erwiesen ist, oder daß der Unfall als Betriebsunfall oder das Leiden des Versicherten als Folge des Unfalls anzusehen ist, so bleibt es dabei. **Ebenso kann der einmal der Rentenberechnung zugrunde gelegte Jahresarbeitsverdienst nicht wieder geändert werden. Nur**

eine Ausnahme besteht. Wird eine vorläufige Rente in eine
1585 Abs. 2 **endgültige geändert, so kann auch noch der Jahresarbeitsverdienst, aber auch nur dieser, und zwar zum letztenmal geändert werden** (S. 26). Hat die B.G. dem Verletzten die Rente zum Teil, z. B. in Höhe von 10%, versagt, weil er den Unfall bei Begehung eines Verbrechens oder vorsätzlichen Vergehens erlitten hat (S. 38), so gilt diese Versagung dauernd, bleibt daher auch bei einer etwaigen Änderung der Rente bestehen. Freiwillig kann natürlich die B.G. von der Versagung jederzeit Abstand nehmen.

Den Bescheid kann der Verletzte wie sonst mit dem „Einspruch" (S. 43) **anfechten.** Es findet dann das Einspruchsverfahren statt. **Handelt es sich um die Änderung einer endgültigen Rente, so ist dieses Verfahren besonders geartet (erweitertes Einspruchsverfahren). Es soll erreicht werden, daß diese für den Verletzten außerordentlich wichtigen Sachen von vornherein eingehend vorbereitet werden. Dies ist um so wichtiger, als in diesen Fällen später nur Berufung, nicht auch Rekurs eingelegt werden kann** (S. 84). Für den Wegfall des Rekurses soll das erweiterte Einspruchsverfahren einen Ausgleich, einen Ersatz bilden. Die Besonderheiten sind folgende. **Der Verletzte wird über seinen**
1601 **Einspruch** nicht vor der B.G., sondern **immer vor dem zuständigen**
1637 (S. 47) **V.A. gehört,** also gewöhnlich vor dem V.A., in dessen Bezirk er wohnt oder beschäftigt ist. **Es findet eine** nicht
1602 öffentliche, **mündliche Verhandlung statt,** an der außer dem Vorsitzenden des Amts oder seinem Stellvertreter noch je ein Vertreter der Arbeitgeber und der Versicherten teilnehmen. Gewöhnlich wird der Verletzte persönlich erscheinen. **Er kann sich nicht durch einen andern vertreten lassen,** denn das Einspruchsverfahren ist kein Streitverfahren. Er kann aber — wie bei der Unfalluntersuchung —
1604 Abs. 2 erwachsene Angehörige oder andere geeignete Personen als Beistand zur Verhandlung mitbringen. Solche Personen, die bei Streitsachen das Verhandeln vor Behörden geschäftsmäßig betreiben, dürfen nicht auftreten, also auch nicht Arbeitersekretäre.
1605 **Am Schlusse des Verfahrens muß das V.A. ein „Gutachten" in der Sache erstatten.** Dieses Gutachten hat sich über alles auszusprechen, was nach Ansicht des V.A.s als Grundlage für die Entschließung der B.G. von Bedeutung ist. **Kostenlose Abschrift**
1607 Abs. 2 **des Gutachtens kann der Verletzte verlangen, wenn er den End-**

bescheid erhalten hat. Mit dem Gutachten gehen die Akten an
die B.G. zurück.

Diese erhebt nun entweder noch Beweise, oder sie erteilt
gleich den **„Endbescheid“** (S. 23, 51).

Soll eine Unfallentschädigung für solche Verletzte oder deren 1610
Hinterbliebene, die sich im Auslande befinden, geändert werden, so
kann zur Vereinfachung des Verfahrens, wie bei der ersten Renten-
feststellung (S. 52), ohne vorhergehenden Bescheid und Einspruch
alsbald Endbescheid erteilt werden. Im übrigen aber erhält der Ver-
letzte wie gewöhnlich, so auch bei Rentenänderungen *immer* erst
einen Bescheid der B.G. Dadurch ist das Verfahren einheitlicher
geworden, als es nach den bisher geltenden Unfallversicherungs-
gesetzen war. Denn früher erteilte die B.G. einen Bescheid nur in
den ersten fünf Jahren, in späterer Zeit durfte sie nicht mehr selbst
die Rente ändern, sondern mußte einen entsprechenden Antrag bei
dem übergeordneten Schiedsgericht stellen, das dann über den
Antrag nicht, wie gewöhnlich, als Berufungsgericht, sondern als
ersterkennendes Gericht entschied. Die B.G.en machten hier
häufig Fehler, deretwegen sie abgewiesen werden mußten ohne
Rücksicht darauf, ob sie sachlich im Recht waren oder nicht. Dieser
unerwünschte Zustand ist jetzt beseitigt. Die Verletzten haben es zu-
nächst *immer* mit der B.G. zu tun.

**Gegen den Endbescheid steht dem Verletzten, der mit ihm
nicht einverstanden ist, wie sonst das Recht der „Berufung“ zu**
(S. 53 ff.). **Die Berufung hat hier keine „aufschiebende Wir-** 130
**kung“; die von der B.G. angeordnete Herabsetzung oder Ent-
ziehung der Rente tritt daher trotz Einlegung der Berufung ohne
weiteres in Kraft, sobald der auf die Zustellung des Endbe-
scheids folgende Monat abgelaufen ist** (S. 81). Dadurch könnten
die Verletzten in den Fällen, in denen nach dem früheren Recht erst
das Schiedsgericht über die Herabsetzung oder Entziehung der
Rente zu entscheiden hatte, zuweilen schlechter als bisher gestellt
werden. **Deshalb ist dem Verletzten eine Möglichkeit gegeben,
das Inkrafttreten des Endbescheids hinauszuschieben. Er kann
bei Einlegung der Berufung zugleich den Antrag stellen, der
Vorsitzende des Amts möge durch einstweilige Verfügung an-** 1683
**ordnen, daß der Vollzug des Endbescheids einstweilen, d. h. bis
zur Entscheidung über die Berufung des Verletzten ganz oder**

teilweise ausgesetzt werde. Der Vorsitzende kann diesem Antrage stattgeben, ist aber hierzu nicht gezwungen. Lehnt er daher den Antrag ab, so muß sich der Verletzte damit zufrieden geben; ein Anfechtungsrecht hat er nicht. Hat der Vorsitzende die Aussetzung ausgesprochen, so kann sie von ihm oder der Spruchkammer jederzeit wieder aufgehoben werden, wenn im weiteren Laufe des Berufungsverfahrens, z. B. auf Grund der neu angestellten Ermittlungen, die Annahme gerechtfertigt erscheint, daß die B.G. die Rente des Verletzten nicht zu früh herabgesetzt oder aufgehoben hat. Gibt der Vorsitzende dem Antrag des Verletzten ganz oder teilweise statt, so bleibt die einstweilige Verfügung für das Berufungsverfahren in Kraft. Sie kann während dieses Verfahrens überhaupt nicht und später nur von derjenigen Partei angefochten werden, die gegen die Berufungsentscheidung überhaupt Rekurs einlegen kann (S. 70) und Rekurs einlegt. **Wenn es dem Verletzten gelungen ist, eine einstweilige Verfügung des Vorsitzenden des Oberversicherungsamts zu erreichen,** und wenn die B.G. infolgedessen die frühere Rente zunächst hat weiterzahlen müssen, **so können,** wenn das Oberversicherungsamt später die von der B.G. vorgenommene Rentenherabsetzung abweichend von der einstweiligen Verfügung ganz oder teilweise bestätigt, **die dem Verletzten infolge der einstweiligen Verfügung zuviel gezahlten Rentenbeträge von den späteren Rentenbezügen gekürzt werden.**
1688 Das Oberversicherungsamt bestimmt aber endgültig, in welchen Beträgen die B.G. diese Kürzung vornehmen darf, z. B. monatlich nur in Höhe von 3 Mk. Dadurch soll erzielt werden, daß der Versicherte, der für die Vergangenheit zu viel Rente erhalten hat, nicht plötzlich für eine gewisse Zeit gar nichts oder zu wenig erhält, sondern daß ihm ein gewisser Betrag zur Bestreitung seines notwendigen Lebens-
620, 955, 1117 unterhalts verbleibt. Die B.G. kann aber auch hier von einer Rückforderung der zu Unrecht gezahlten Beträge ganz absehen (S. 73).

Im übrigen hat sich der Verletzte während des Berufungsverfahrens ebenso zu verhalten, wie wenn es sich um die erste Festsetzung seiner Rente handelte (S. 53, 55 ff.).

Die Entscheidungen des Oberversicherungsamts über Änderungen von Renten sind in den meisten Fällen endgültig. Denn ob nun vorläufige oder endgültige Renten geändert werden sollen,
1700 Nr. 7, 8 **grundsätzlich ist hier der Rekurs ausgeschlossen. Wenn aber**

eine vorläufige Rente in eine endgültige Rente umgewandelt, also die endgültige Rente zum ersten Male festgestellt werden soll (S. 26, 78), **oder wenn die Rente nach Beendigung einer Heilanstaltspflege neu festgesetzt werden soll** (S. 34), **kann Rekurs gegen die Berufungsentscheidung eingelegt werden.** Jede Sache kann also mindestens einmal vor die höchste Spruchbehörde, das Rekursgericht (Reichsversicherungsamt bzw. Landesversicherungsamt S. 68), gebracht werden. Nach den früheren Gesetzen war dies bei jeder Rentenänderung möglich. Dies ist jetzt beseitigt. Zum Ersatz dafür ist das „erweiterte Einspruchsverfahren" in das berufsgenossenschaftliche Feststellungsverfahren eingeschoben (S. 82). In den Fällen aber, in denen der Verletzte gegen die Berufungsentscheidung Rekurs erheben darf, kann er, wie schon im Berufungsverfahren, sein Verhalten so einrichten, als wenn es sich um die erste Rentenfeststellung handelte (S. 68 ff).

Wenn ein Verfahren über die Höhe einer Unfallentschädigung vor dem Oberversicherungsamt oder dem Reichsversicherungsamt (oder Landesversicherungsamt — S. 68 —) schwebt, so kann es kommen, daß inzwischen in den Folgen des Unfalls eine wesentliche Besserung eingetreten und vielleicht auch das Schutzjahr, in welchem der Verletzte in dem Genuß der Rente bleiben muß (S. 79), verstrichen ist. In diesen Fällen ist die B.G. durch das noch schwebende Verfahren nicht gehindert, die Rente anderweit festzusetzen und über die Rentenänderung einen neuen Bescheid zu erteilen. In dem früheren Unfallversicherungsverfahren konnten dem Verletzten leicht Nachteile erwachsen. Er mußte nämlich den neuen Bescheid, obwohl er den früheren Bescheid schon angefochten hatte, noch besonders anfechten, wenn er mit ihm nicht zufrieden war. Darüber wurde er auch in dem neuen Bescheid ausdrücklich belehrt. Diese Belehrung haben aber viele Verletzte übersehen, sodaß sie der Meinung waren, über den neuen Bescheid würde in dem Verfahren, das ja ebenfalls noch nicht beendet war, gleich mitentschieden. Sie ließen daher den neuen Bescheid unangefochten, und mit dem Ablauf der Berufungsfrist wurde die in diesem Bescheide von der B.G. vorgenommene Herabsetzung oder Aufhebung der Rente endgültig und unabänderlich („rechtskräftig"). In dem über den alten Bescheid noch anhängigen Verfahren war dann bestenfalls nur noch darüber zu entscheiden, welche Rente dem Verletzten

in dem vor dem neuen Bescheid liegenden, also bereits verflossenen Zeitraum gebührte. Ja, es konnte sogar vorkommen, daß, wenn durch den neuen Bescheid die bisherige Rente rechtskräftig aufgehoben wurde, ein über den alten Bescheid schwebender Rekurs schlechthin unzulässig wurde, weil die von dem Rekursgericht noch zu entscheidende Frage zu unwichtig schien, als daß dieses sich damit noch befassen sollte. In diesem Falle wurde also durch ein Versehen des Verletzten nicht nur der neue Bescheid, sondern auch das vom Verletzten angefochtene Berufungsurteil rechtskräftig. In dieser Hinsicht ist jetzt zugunsten der Verletzten das Verfahren sehr vereinfacht.
1608 **Denn wenn jetzt die B.G. während eines schwebenden Rentenstreitverfahrens einen neuen Bescheid erläßt, durch den sie wegen eingetretener Besserung die bisherige Rente mindert, so braucht der Verletzte diesen Bescheid nicht besonders anzufechten. Vielmehr wird ohne weiteres angenommen, daß er auch mit diesem neuen Bescheid nicht zufrieden ist.** Eine Abschrift dieses Bescheids hat die B.G. dann der Stelle mitzuteilen, bei der das ältere Streitverfahren schwebt. Diese Stelle kann das Verfahren über den neuen Bescheid an sich ziehen und bei Entscheidung der älteren Sache zugleich darüber befinden, welche Entscheidung für die Zeit nach Erlaß des neuen Bescheids zu gewähren ist, z. B. kann das Oberversicherungsamt, dem die ältere Sache vorliegt, gleich über die neue Herabsetzung der Rente mitentscheiden, ohne daß vorher ein Einspruchsverfahren stattgefunden hat. Dieses Verfahren gilt aber nur für solche neuen Bescheide, die eine Rentenänderung betreffen. Wird durch den neuen Bescheid etwa eine Heilanstaltspflege angeordnet, so muß der Verletzte, wenn er die Anordnung nicht für gerechtfertigt hält, Einspruch wie sonst erheben.

2. Änderung einer festgesetzten Rente zugunsten des Verletzten (Erhöhung oder Wiedergewährung der Rente oder Gewährung einer wegen Erwerbsfähigkeit des Verletzten ursprünglich abgelehnten Rente).*)

Von besonderem Interesse ist es für einen Unfallverletzten, zu wissen, wie er eine Erhöhung seiner bisherigen Rente erreichen

*) Der Kürze halber wird im folgenden nur von der Erhöhung einer Rente gesprochen.

kann. Ebenso wie die Herabsetzung oder Entziehung einer Rente nur möglich ist, wenn die Unfallfolgen sich gebessert haben (S. 76), **so kann eine Erhöhung der Rente nur verlangt werden, wenn seit der letzten Festsetzung der Rente eine wesentliche Ver-** 608, 955,
schlimmerung in den Unfallfolgen eingetreten ist. Dies gilt so- 1115
wohl, wenn eine vorläufige, als auch wenn eine endgültige Rente erhöht werden soll.*) **Der Verletzte kann daher einen Antrag auf Erhöhung nicht lediglich damit begründen:**

1. daß er mit seiner bisherigen Rente nicht auskomme,

2. daß seine wirtschaftlichen Verhältnisse sich verschlechtert hätten,

3. daß er älter und deshalb im allgemeinen gebrechlicher und schonungsbedürftiger geworden sei,

4. daß er unabhängig vom Unfall mehr als bisher in seiner Erwerbsfähigkeit beeinträchtigt sei; es genügt also nicht, daß er, nachdem er durch Unfall das eine Auge verloren hat und dafür Rente bezieht, später unabhängig von dem früheren Unfall auf dem anderen Auge die Sehkraft ganz oder teilweise einbüßt,

5. daß ein anderer Arzt der Meinung sei, der Verletzte müsse eine höhere Rente erhalten, obwohl der Zustand des Verletzten derselbe geblieben ist wie früher. Hier handelt es sich eben nicht um eine Verschlimmerung in den Unfallfolgen selbst, sondern nur um eine andere ärztliche Beurteilung. In solchem Falle kann die bisherige Rente selbst dann nicht erhöht werden, wenn sie offenbar früher zu niedrig festgesetzt worden ist. Eine Abhilfe könnte höchstens dadurch geschaffen werden, daß sich die B.G. freiwillig zu einer Erhöhung 619, 955,
der Rente bereitfindet. Gezwungen kann sie aber hierzu von 1117
niemandem werden.

Wenn der Verletzte bisher die „Vollrente"**) oder auch nur eine „Teilrente"***) bezogen hat, so kann er die Hilflosenrente****)

---

*) Ausnahmsweise ist eine Rentenerhöhung ohne Verschlimmerung der Unfallfolgen zulässig, wenn eine endgültige Rente zum ersten Male festgesetzt wird (S. 26).

**) d. h. $66^2/_3\%$ oder $^2/_3$ des Jahresarbeitsverdienstes (also niemals so 559, 930,
hoch wie der volle Jahresarbeitsverdienst). 1065

***) d. h. eine Rente von 10% an bis zu 90% der **Vollrente.**

****) d. h. mehr als die Vollrente, also mehr als $66^2/_3$ bis zu 100% des Jahresarbeitsverdienstes.

560, 930, 1065 auch nur dann verlangen, wenn er infolge des Unfalls seit der
letzten Rentenfeststellung so hilflos geworden ist, daß er nicht
ohne fremde Wartung und Pflege bestehen kann, zu seiner Pflege
also dauernd ganz oder doch in erheblichem Umfang eine fremde
Arbeitskraft in Anspruch nehmen muß.

Noch ein weiteres Erfordernis muß der Verletzte beachten, ehe
er einen Erhöhungsantrag stellt. **Hat er bisher eine endgültige
Rente bezogen, so muß er darauf sehen, daß seit dem Beginn**
609, 955, 1115 **der bisherigen Rente bereits das sogenannte Schutzjahr** (S. 79)
**abgelaufen ist. Tritt daher schon vor Beendigung dieses Jahres
eine Verschlimmerung ein, so kann er trotzdem zur Zeit noch keine
höhere Rente verlangen.** Das Schutzjahr ist zwar in erster Linie
zugunsten der Verletzten eingeführt worden, damit sie nicht zu
oft von den B.G.en in dem Genuß ihrer Rente gestört werden
können. Die Gerechtigkeit erfordert aber, daß umgekehrt die B.G.en
dieselbe Vergünstigung wie die Verletzten haben. Dadurch wird
zugleich verhütet, daß die Verletzten wegen jeder unwesentlichen
oder nur vorübergehenden Verschlimmerung sofort eine Erhöhung
beanspruchen. Wenn der Erhöhungsantrag vor Ablauf des Schutz-
jahres, also zu früh gestellt wird, so wird er zurückgewiesen, es sei
denn, daß die B.G. auf die Innehaltung der Frist verzichtet.

Sind die vorstehend erwähnten Voraussetzungen erfüllt, so
kann der Verletzte den **Erhöhungsantrag bei der B.G. oder bei**
1584 **dem V.A., in dessen Bezirk er wohnt oder beschäftigt ist, stellen.**
Sendet er das Gesuch versehentlich an ein falsches V.A., so erleidet
er dadurch keinen Nachteil. **Der Tag, an welchem der Antrag bei**
611 **einer dieser Stellen eingeht, ist wichtig. Erst von da ab kann
die Erhöhung der Rente verlangt werden, also nicht auch für
die schon verflossene Zeit.** In dem Antrag muß der Verletzte
näher darlegen, *seit wann und worin die Verschlimme-
rung der Unfallfolgen besteht*, **außerdem muß er diese Ver-
schlimmerung glaubhaft machen (Muster** S. 102). Geschieht dies
nicht, so braucht die B.G. nichts weiter zu veranlassen. Sie wird
nur dem Verletzten durch einfaches Schreiben mitteilen, daß
sie keine Veranlassung habe, auf seinen Antrag einzugehen.
Es kann den B.G.en nicht zugemutet werden, ausnahmslos
zu jedem Antrag Stellung zu nehmen und auf ihre Kosten
Beweise zu erheben. Die Glaubhaftmachung geschieht natür-

lich am besten dadurch, daß der Verletzte eine ärztliche Bescheinigung mit dem Antrag zusammen einreicht. Hat er für diese Bescheinigung, die übrigens nicht ein ausführliches Gutachten zu sein braucht, Geld ausgeben müssen, so kann er von der B.G. später Ersatz verlangen, wenn er mit seinem Antrag siegt. Notwendig ist aber ein solches ärztliches Zeugnis, das ja vielfach Kosten verursacht, nicht. Es genügt, wenn der Verletzte andere Bescheinigungen, z. B. von Behörden oder glaubwürdigen Personen, z. B. dem Gemeinde- oder Gutsvorsteher, dem Pfarrer, dem Lehrer, dem Arbeitgeber usw. beibringt. Unter Umständen, z. B. bei kleineren Verletzungen, wird sich die B.G. damit begnügen, daß der Verletzte sich in den Geschäftsräumen der B.G. oder der Sektion vorstellt und dort die Verletzung vorzeigt. Hat der Verletzte **einigermaßen wahrscheinlich** gemacht, daß sich die Unfallfolgen wesentlich verschlimmert haben, so hat er seine Pflicht erfüllt. **Einen nach jeder Richtung hin schlüssigen Beweis darf die B.G. von ihm nicht fordern.** Um völlige Sicherheit zu erlangen, kann die B.G. ihrerseits weitere Ermittlungen anstellen. Glaubt der Verletzte, daß die B.G. zu Unrecht die von ihm eingereichte Bescheinigung nicht für ausreichend hält, so kann er sich an die Aufsichtsbehörde, das Reichsversicherungsamt (oder Landesversicherungsamt — S. 10 —), wenden mit der Bitte, die B.G. zur Erteilung eines förmlichen Bescheids anzuhalten. Geht die B.G. auf den Erhöhungsantrag ein und veranlaßt weitere Ermittlungen, so hat der Verletzte auch hier wie sonst (S. 19) die Pflicht zur Mitwirkung; insbesondere muß er sich auf Verlangen der B.G. ärztlich untersuchen und beobachten lassen. Andernfalls ist die B.G. berechtigt, den Antrag abzulehnen.

Die Zurückweisung oder Anerkennung des Erhöhungsantrags erfolgt wie gewöhnlich durch Bescheid der B.G. Hiergegen ist Einspruch zulässig (S. 43). Nach Erhebung des Einspruchs findet das gewöhnliche Einspruchsverfahren (S. 48) statt, wenn es sich um eine bloß vorläufige Rente handelt, und das erweiterte Ein- 1600 ff.
spruchsverfahren (S. 82, 85), wenn eine endgültige Rente erhöht werden soll. Auf die Anrufung und Auswahl von ärztlichen Sachverständigen hat der Verletzte auch hier wie gewöhnlich (S. 49, 50) einen gewissen Einfluß. Gegen den Endbescheid (S. 51) hat er das Recht der B e r u f u n g (S. 53). Das Berufungsverfahren spielt

sich ganz so ab wie bei einer ersten Rentenfestsetzung (S. 55 ff., 59 ff.).
1700 Nr. 7, 8 **Gegen die Entscheidung des Oberversicherungsamts ist Rekurs nicht zulässig** (zu vgl. S. 71 Anm., S. 84).

VIII. Unter welchen Voraussetzungen kann eine durch Rechtsmittel nicht mehr anfechtbare („rechtskräftige") Entscheidung ausnahmsweise aufgehoben und durch eine neue ersetzt werden? (Wiederaufnahme des Verfahrens)

Wird im Unfallversicherungsverfahren eine Entscheidung, z. B.
1722 ff., 1744, 1659 Abs. 2 Bescheid, Endbescheid, Vorentscheidung des Vorsitzenden des Oberversicherungsamts, Urteil des Oberversicherungsamts, überhaupt nicht durch Rechtsmittel (Einspruch, Berufung, Rekurs) angefochten, oder sind die Rechtsmittel erschöpft, so tritt „Rechtskraft" ein, d. h. es wird die letzte Entscheidung, und, wenn durch sie eine frühere bestätigt wird, auch diese endgültig, unanfechtbar und unabänderlich. Entscheidungen, gegen welche Rechtsmittel zulässig sind, werden erst dann rechtskräftig, wenn die Rechtsmittelfrist abgelaufen ist, Urteile des Reichs(Landes-)versicherungsamts aber sofort mit der Verkündung, weil sie durch ein Rechtsmittel nicht anfechtbar sind. Im einzelnen Falle wird durch die rechtskräftige Entscheidung das Verhältnis zwischen dem Verletzten und der B.G. grundsätzlich ein für allemal geregelt. **Keine Partei kann eine nochmalige Prüfung derselben Sache verlangen, etwa deshalb, weil das Gericht sich geirrt habe, oder weil der Verletzte einen neuen Zeugen ausfindig gemacht oder sich ein neues ärztliches Gutachten beschafft hat, mit dem er eine ihm günstigere Entscheidung als die frühere zu erreichen hofft.** Ist eine Entscheidung einmal getroffen und rechtskräftig geworden, so kann sie selbst dann nicht mehr abgeändert werden, wenn sie durch Irrtum oder sonst auf fehlerhafte Weise zustande gekommen, oder wenn sie ungerecht ist. Auch falsche Entscheidungen werden rechtskräftig und müssen auf Grund der Rechtskraft geachtet und ausgeführt werden. Eine rechtskräftige Entscheidung ist eben, selbst wenn sie augenscheinlich die gröbsten Mängel aufweist,

niemals ohne weiteres und *ohne besonderes Verfahren nichtig**). Die Unanfechtbarkeit der gefällten Entscheidungen ist notwendig im öffentlichen Interesse aller. Es würde eine für das ganze öffentliche Leben überhaupt und insbesondere für das wirtschaftliche Leben der Beteiligten gefährliche Unsicherheit bedeuten, wenn einer Partei das Recht zustände, einmal gefällte Entscheidungen immer wieder in Zweifel zu ziehen und eine Nachprüfung zu verlangen.

Nur unter ganz besonderen, im Gesetz ausdrücklich geregelten Umständen kann eine Entscheidung, gegen die es sonst kein Rechtsmittel mehr gibt, beseitigt werden.

1. Die eine Möglichkeit ist schon erwähnt. Eine Rente kann, 608, 955,
obwohl sie rechtskräftig festgesetzt ist, dennoch geändert (herab- 1115
gesetzt oder erhöht) werden, wenn seit ihrer Festsetzung eine wesentliche Besserung oder Verschlimmerung in den Unfallfolgen eingetreten ist (S. 76, 87). In diesen Fällen behält die frühere Festsetzung für die vergangene Zeit ihre Gültigkeit, sie wird aber *für die Zukunft* durch eine andere Festsetzung ersetzt, z. B. die bisherige Teilrente von 80% wird *von nun an* durch eine Teilrente von 60% ersetzt.

2. Nachträglich kann es sich herausstellen, daß bei dem Erlaß einer Entscheidung, z. B. bei Ablehung oder Aufhebung einer Rente, bestimmte *schwerwiegende Fehler* vorgekommen sind, derentwegen die Entscheidung, wenn sie auch bereits rechtskräftig geworden und das Verfahren durch sie geschlossen ist, nicht aufrecht erhalten werden kann. **Dies sind die Fälle, in denen die durch die Entscheidung geschädigte Partei verlangen kann, daß die Wirkung dieser rechtskräftigen Entscheidung von Anfang an wieder beseitigt wird. In diesen Fällen allein redet man von der „Wiederaufnahme des Verfahrens".** Solange eine Entscheidung noch nicht rechtskräftig ist, also noch durch Einspruch, Berufung oder Rekurs angefochten werden kann, ist keine „Wiederaufnahme des Verfahrens" möglich; denn das Verfahren ist ja noch nicht geschlossen. Die Verletzten irren sich hier oft in der Bezeichnung der Rechtsmittel, indem sie z. B. um Wiederaufnahme des Verfahrens bitten, statt Berufung einzulegen. Sie schaden sich jedoch nicht dadurch. Ihr Gesuch wird trotz der falschen Be-

*) von ganz seltenen, kaum vorkommenden Fällen abgesehen, z. B. das Urteil ist schon äußerlich gar kein Urteil.

zeichnung als das Rechtsmittel behandelt, das gegen die von ihnen angegriffene Entscheidung zulässig ist.

Die Gründe, aus denen ausnahmsweise ein bereits geschlossenes Verfahren wieder eröffnet werden kann, sind aber nicht in das Belieben der Partei gestellt, sondern im Gesetz ausdrücklich im einzelnen aufgezählt. **Andere Gründe gibt es nicht.** Die gesetzlich zugelassenen Gründe sind hauptsächlich folgende:

1722 1. Die Spruchstelle, welche die Entscheidung erlassen hat, (Feststellungsorgan der B.G., Spruchkammer des Oberversicherungsamts, Spruchsenat des Reichs- oder Landesversicherungsamts) war nicht vorschriftsmäßig besetzt, z. B. ein Beisitzer des Oberversicherungsamts hat in der Spruchkammer als Vertreter der Versicherten mitgewirkt, obwohl er nicht oder nicht mehr zu ihnen gehörte, oder die Spruchkammer war nicht mit fünf, sondern nur mit drei Beisitzern besetzt, oder es hat bei der Entscheidung eine Person
1641 f., 1679, 1701 mitgewirkt, die nach dem Gesetz gar nicht mitwirken durfte, z. B. der Arbeitgeber des Verletzten hat in der Spruchkammer gesessen, obwohl er in derselben Sache bereits als Zeuge vernommen worden ist oder wie ein Zeuge über die Arbeits- und Lohnverhältnisse des Verletzten Auskunft gegeben hat;

2. eine Partei ist in dem früheren Verfahren, in welchem die Entscheidung gefällt worden ist, nicht nach Vorschrift der Gesetze vertreten gewesen, z. B. der Verletzte war damals minderjährig oder geisteskrank, also prozeßunfähig, und hatte keinen gesetzlichen Vertreter (Vormund, Pfleger). In diesen Fällen kann aber der Mangel des Verfahrens später dann nicht mehr gerügt werden, wenn die durch die Entscheidung benachteiligte Partei nach erlangter Prozeßfähigkeit die Führung des Streites ausdrücklich oder auch nur stillschweigend genehmigt hat.

Ähnlich liegt der Fall, wenn eine Partei von einem Termin zur mündlichen Verhandlung, in welchem die Entscheidung gefällt worden ist, keine Nachricht erhalten hat.

1723 3. Die frühere Entscheidung ist durch eine strafbare Hand-
1724 lung herbeigeführt, und diese Handlung ist strafgerichtlich bestraft worden, **z. B. der Verletzte hat** eine gefälschte oder verfälschte Urkunde beigebracht oder **sich** sonst **die Rente durch betrügerische Angaben erschlichen,** indem er z. B. behauptet hat, der Unfall, den er in Wirklichkeit zu Hause erlitten hat, sei in dem Betrieb seines

Arbeitgebers erfolgt; oder ein Zeuge oder Sachverständiger hat in einem entscheidenden Punkte unter seinem Eide vorsätzlich oder auch nur fahrlässig die Unwahrheit gesagt. Ist er nur uneidlich vernommen worden, so macht seine falsche Aussage die Entscheidung nicht nichtig. Überhaupt genügt es zur Wiederaufnahme des Verfahrens durchaus nicht immer, wenn sich nachträglich herausstellt, daß in dem Verfahren ein Zeuge oder Sachverständiger in gutem Glauben und ohne Verschulden Falsches ausgesagt hat. Wollte man in diesen Fällen eine Wiederaufnahme des Verfahrens zulassen, so würden, da die Verletzten sehr oft ihnen ungünstige Aussagen bezweifeln würden, unendlich viel Streitigkeiten entstehen und zu einer bedenklichen Rechtsunsicherheit führen. **Ebensowenig kann ein Verletzter die Wiederaufnahme beantragen, wenn er nachträglich einen neuen Zeugen auffindet, der etwas anderes bekunden kann als ein früher gehörter Zeuge, oder wenn er ein neues, ihm günstiges ärztliches Gutachten sich beschafft hat.** Ergibt sich später, daß ein Arzt tatsächlich sich geirrt hat, und daß deshalb dem Verletzten mit Unrecht eine Rente vorenthalten worden ist, so läßt sich eine Abhilfe nur dadurch schaffen, daß die B.G. sich freiwillig zur Gewährung einer Rente bereit 619, 955, 1117
erklärt (S. 95). **Noch weniger genügend ist es, wenn in dem früheren Verfahren nicht alle Zeugen, die der Verletzte namhaft gemacht hat, vernommen worden sind.**

4. Dagegen kann eine Partei die Wiederaufnahme eines Verfahrens beantragen, wenn sie nach Schluß dieses Verfahrens eine ihr günstige Urkunde (z. B. ein ärztliches Gutachten, eine Arbeitsbescheinigung, ein Urteil, Akten) auffindet oder erst jetzt benutzen kann, die schon zu der Zeit, als die frühere Entscheidung erging, vorhanden war. Diese Fälle sind aber sehr selten und nicht zu verwechseln mit den Fällen, wo der Verletzte sich ein neues ärztliches Gutachten ausstellen läßt (Ziffer 3).

Will der Verletzte eine Entscheidung wegen eines der vorgenannten Gründe anfechten, so schreibt er an die Spruchstelle 1727
(S. 92), **welche die Entscheidung allein oder zuletzt erlassen hat, daß er den Antrag auf Wiederaufnahme des Verfahrens stelle, und nennt dabei den Grund.** Eine besondere Form ist für den Antrag auch hier nicht vorgeschrieben. Es genügt, daß die Absicht

des Verletzten, die frühere Sache solle neu geprüft werden, er-
1730 kennbar ist. Auch wird der Antrag angenommen, wenn er ver-
sehentlich nicht an die zuständige Spruchstelle, sondern an irgend-
eine Behörde oder B.G. gerichtet wird.

Der Antrag ist aber noch gewissen Beschränkungen unterworfen:
1728 1. er muß binnen einem Monat gestellt werden, nachdem
der Verletzte den Grund, dessentwegen er das frühere Verfahren
wiederaufgenommen wissen will, zuverlässig erfahren hat,

2. der Antrag kann überhaupt nicht mehr gestellt werden,
1728 wenn seit der Rechtskraft der Entscheidung, die der Verletzte an-
fechten will, fünf Jahre verflossen sind, oder wenn der
1722 Abs. 2 Verletzte die Anfechtung schon in dem früheren Verfahren geltend
1725 machen konnte, namentlich durch Einlegung eines Rechtsmittels.

Die Entscheidung kann wie im ordentlichen Feststellungs-
1731 verfahren ohne mündliche Verhandlung durch einfache Ver-
fügung des Vorsitzenden der Spruchstelle erfolgen, wenn der An-
trag verspätet oder unzulässig ist; der Verletzte kann aber
binnen einer Woche, nachdem ihm die Verfügung zugestellt ist,
mündliche Verhandlung vor der Spruchstelle selbst verlangen. In
allen anderen Fällen findet gewöhnlich von vornherein mündliche
1732 Verhandlung statt. Wird dem Antrag auf Wiederaufnahme des
Verfahrens stattgegeben, so wird darüber nicht eine besondere
Entscheidung getroffen, vielmehr hat die Spruchstelle (oder, wenn
z. B. die Sache beim Oberversicherungsamt schwebt, dessen Vor-
sitzender durch „Vorentscheidung" — S. 61 —) gleichzeitig in der
Sache selbst neu zu entscheiden. Diese Entscheidung tritt dann an
die Stelle der früheren und ist in denselben Fällen und mit
denselben Rechtsbehelfen wie sonst (z B. mit Berufung oder An-
1733 trag auf mündliche Verhandlung oder Rekurs) anfechtbar.

Die Wiederaufnahme eines rechtskräftig geschlossenen Verfah-
1729 rens kann auch, ohne daß der Verletzte sie beantragt, „von Amts
wegen" eingeleitet werden, aber auch nur aus denselben Gründen,
aus denen sonst die Wiederaufnahme beantragt werden könnte.
Dies kann insbesondere durch die B.G.en selbst geschehen, aber
auch durch die höheren Spruchbehörden, z. B. das Oberversicherungs-
amt erfährt nach Erlaß der Entscheidung, daß der Verletzte schon
vorher verstorben war und daher die Benachrichtigung von dem
Termin gar nicht mehr erhalten konnte.

Es können Fälle vorkommen, in denen einem Verletzten die Entschädigungsleistung durch rechtskräftige Entscheidung ganz oder teilweise abgelehnt, entzogen oder eingestellt worden ist, **in denen** aber **die B.G. nachträglich erkennt, daß dem Verletzten Unrecht geschehen ist. Hier hat die B.G. zwar das Recht, sich auf die Rechtskraft der Entscheidung zu berufen und irgendeine Abhilfe abzulehnen.** Sie kann auch von niemandem, auch vom Reichsversicherungsamt nicht, gezwungen werden, das Unrecht wieder gut zu machen. **Sie kann dies aber freiwillig tun,** ohne daß eine 619, 955, 1117
tatsächliche Veränderung in den Unfallfolgen eingetreten oder ihr ein Umstand bekannt geworden ist, aus dem die Wiederaufnahme des Verfahrens erfolgen könnte. Man kann hier von einer freiwilligen Wiederaufnahme des Verfahrens reden. Die Fälle, in denen eine solche angebracht ist, kommen im Unfallversicherungsverfahren öfter vor als bei Gericht. Denn meist werden die Feststellungen auf Grund von uneidlichen Bekundungen von Zeugen 1571 Abs. 3
getroffen, und diese stellen sich später zuweilen als unrichtig heraus. Macht die B.G. von ihrer Befugnis, das Verfahren wiederaufzunehmen, Gebrauch, so erteilt sie einen neuen Bescheid. Durch diesen kann sie dem Verletzten nunmehr überhaupt eine Rente oder eine höhere Rente gewähren. Sie kann aber auch eine Rente abermals ablehnen, z. B. wenn die angestellten neuen Ermittlungen wiederum ergeben haben, daß dem Verletzten eine Rente nicht zusteht. Der Verletzte kann den Bescheid wie sonst anfechten.

IX. Wie werden die Entschädigungen ausgezahlt?

Kosten des Heilverfahrens und Sterbegelder sind binnen einer 612, 955, 1115
Woche nach ihrer Feststellung, **Renten im voraus in Monatsbeträgen zu zahlen. Beträgt die Rente für das Jahr 60 Mark oder weniger, so ist sie in vierteljährlichen Beträgen im voraus zu zahlen,** soweit sie nicht voraussichtlich vor Ablauf des Vierteljahres wegfällt. Die B.G. kann mit Zustimmung des Verletzten die Rente in längeren Zeitabschnitten zahlen. Die Rente wird auf volle fünf Pfennig für den Monat oder das Vierteljahr aufgerundet.

Alle Auszahlungen, z. B. einmalige Zahlungen, Renten an die Verletzten oder an deren Hinterbliebene, Kosten der Krankenbehandlung, Kapitalabfindungen, **müssen durch die Post erfolgen, und zwar durch die Postanstalt, in deren Bezirk der Empfänger wohnt.** Zu dieser Art der Auszahlung sind auch die Ausführungsbehörden (S. 2 Anm.) verpflichtet. Sie dürfen sich nicht ihrer eigenen Kassen (z. B. der Kreiskommunalkasse) bedienen. Nur in Notfällen dürfen Zahlungen auf anderem Wege, z. B. durch einen Vertrauensmann der B.G., erfolgen.

730 Die Knappschafts-B.G. allein kann die Entschädigungen durch Knappschaftsvereine oder Knappschaftskassen auszahlen lassen. Von dieser Befugnis macht aber zurzeit nur noch die Sektion Clausthal Gebrauch. Die übrigen Sektionen bedienen sich zu Auszahlungen ebenfalls der Post. Die Zahlungsanweisung hat stets der Vorstand der Genossenschaft selbst, nicht etwa ein Sektionsvorstand zu erlassen. Er teilt auch dem Verletzten mit, bei welcher Postanstalt er seine Entschädigung abheben kann. **Verzieht der Empfänger, so bleibt es ihm überlassen, bei dem Genossenschaftsvorstand oder bei der Postanstalt des alten Wohnorts zu beantragen, daß die Zahlung an die Postanstalt des neueren Wohnorts überwiesen wird.** Es empfiehlt sich, dies so bald wie möglich zu tun, damit der Verletzte bei der Postanstalt seines neuen Wohnorts rechtzeitig seine Entschädigung in Empfang nehmen kann.

Die Verletzten haben sich ihre Renten usw. bei der Postanstalt abzuholen. Nur in gewissen Fällen werden ihnen die Entschädigungen **durch Briefträger ins Haus gebracht,** ohne daß eine Bestellgebühr erhoben wird. Dies gilt für einmalige Zahlungen **in Landbestellbezirken,** um den Empfängern den oft weiten Gang zur Postanstalt zu ersparen. Bei fortlaufenden Zahlungen geschieht die Zusendung nur, wenn der Empfänger, der in einem Landbestellbezirk wohnt, durch eine Bescheinigung des Gemeinde- oder Amtsvorstehers nachweist, daß er wegen seines körperlichen Zustandes, insbesondere wegen Alters, Krankheit oder anderer Gebrechen, ausnahmsweise auch in anderen besonders gearteten Fällen, zur Abholung der Rentenbeträge bei der Postanstalt unfähig ist und die Beträge auch durch Familienangehörige nicht abholen lassen kann. Diese Bescheinigung legt er der zuständigen Postanstalt vor und stellt bei ihr mündlich oder schriftlich den Antrag auf Zahlung durch den Briefträger. Der Empfänger hat am Ersten des Zahlungsmonats die

Quittung, die ihm vorher die B.G. zugeschickt, und die er zu unterschreiben und, wenn nötig, beglaubigen zu lassen hat, bis zum üblichen Eintreffen des Briefträgers bereitzuhalten. Kann bei der ersten Bestellung der Betrag nicht ausgehändigt werden, so wird dies bei dem nächsten Bestellgange nochmals versucht. Kann der Betrag auch nach zweimaligem vergeblichen Bestellungsversuch nicht gezahlt werden, so hat der Empfänger selbst den Betrag bei der zuständigen Postanstalt abzuheben. Verzieht ein Empfänger in den Landbestellbezirk einer anderen Postanstalt, so kann er die weitere Zahlung durch Briefträger bei der neuen Postanstalt beantragen. Hierbei ist auch eine Bescheinigung des Gemeinde- oder Amtsvorstehers des neuen Wohnorts erforderlich. Die Empfänger müssen auf diese Erleichterung des Rentenbezugs bei der Zustellung des Bescheids hingewiesen werden.

Alle Zahlungen durch die Post erfolgen nur gegen Ausstellung einer Quittung. Es gibt zwei Arten von Quittungen: eine für fortlaufende Zahlungen (sog. Rentenquittungen) und eine für einmalige Zahlungen. **Die B.G.en übersenden die Quittungsformulare den Verletzten, und zwar derartig ausgefüllt, daß die Verletzten selbst sie nur noch zu unterschreiben, d. h. ihren Wohnort und das Datum, ferner ihren Vor- und Zunamen (bei Frauen auch Geburtsnamen) und Stand anzugeben haben. Außerdem müssen die Quittungen beglaubigt werden.** Wie und durch wen dies zu geschehen hat, ergibt sich aus den Anmerkungen, die sich auf den Quittungsformularen befinden. Hervorgehoben sei nur, daß **zur Beglaubigung jede Person befugt** ist, **die berechtigt ist, ein öffentliches Siegel zu führen, also nicht nur Beamte, sondern z. B. auch** 727, 988, 1159
Geistliche, auch wenn sie nicht als Beamte anzusehen sind. Die Beglaubigung ist gebühren- und stempelfrei. Auf die Beglaubigung 138
der Quittung dürfen die B.G.en nur bei einmaligen Zahlungen verzichten. Will dies die B.G. in einem Falle tun, so hat sie den Vordruck für die Beglaubigung auf dem Quittungsformular zu streichen.

An *Empfänger*, die sich gewöhnlich *im Ausland* aufhalten, ist in der Regel nicht nach den vorstehenden Bestimmungen zu zahlen, sondern in einer von der B.G. zu bestimmenden Weise tunlichst unter Berücksichtigung der Wünsche des Empfängers und auf dessen Gefahr und Kosten, etwa durch Vermittlung von Banken. So z. B.

können Zahlungen von Renten an Österreicher oder Italiener, die aus Deutschland in ihre Heimat zurückgekehrt sind, durch Vermittlung der Deutschen Bank in Berlin erfolgen. Nach Belgien können die B.G.en ihre Zahlungen an den belgischen Konsul, in dessen Bezirk sie ihren Sitz haben, wirksam leisten; der Konsul vermittelt dann die Einreichung der erforderlichen Bescheinigungen über Leben, Witwenstand usw. An Empfänger in gewissen ausländischen Grenzgebieten kann durch eine dem Wohnort des Empfängers benachbarte deutsche Postanstalt gezahlt werden. Auch kann der Berechtigte eine im Deutschen Reiche wohnende Person zum Empfang des Geldes bevollmächtigen. In diesem Falle kann die B.G. durch die für diese Person zuständige deutsche Postanstalt zahlen.

Anhang.

A. Muster von Eingaben eines Unfallverletzten.

(Was in den Eingaben mindestens gesagt werden muß, ist gesperrt gedruckt.)

Für alle Eingaben ist zu merken:

a) Alles Überflüssige fortlassen!

b) Keine Beleidigungen aussprechen, da sonst Strafantrag wegen Beleidigung gestellt werden kann!

c) Von jeder Eingabe eine Abschrift zurückbehalten!

1. Anmeldung des Entschädigungsanspruchs (S. 11):

Berlin, den 30. April 1913,
Brunnenstraße 34, Hof pt.

An die Fuhrwerks-B.G.
in Berlin.

Am 22. Januar 1913 habe ich in dem Betrieb des Fuhrwerksunternehmers Albert König in Berlin, Brunnenstraße 216, einen Unfall erlitten. Ich erhebe Anspruch auf Unfallentschädigung und bitte um Erteilung eines Bescheids.

Auf einer Geschäftsfahrt wurde mein Pferd scheu, ich fiel vom Wagen und wurde überfahren. Der rechte Unterschenkel ist gebrochen.

Zeuge des Unfalls ist der Arbeiter Ernst Krause in Berlin, Invalidenstraße 36, Hof 2 Treppen. Ich werde von dem praktischen Arzt Dr. Emil Unger in Berlin, Brunnenstraße 74, behandelt.

Karl Simon,
Kutscher.

Erteilt die B.G. (oder Sektion) hierauf keinen Bescheid: Beschwerde an das Reichs- (oder Landes-) Versicherungsamt (S. 9, 10, 28); erteilt sie Bescheid, lehnt aber eine Entschädigung ab: Einspruch an die B.G.; eventuell an die Sektion, wenn der Bescheid von dieser erteilt ist.

2. Einspruch (S. 44):

Berlin, den 22. Juli 1913,
Brunnenstraße 34, Hof pt.

An die Fuhrwerks-B.G.
Sektion IV
in Berlin.

Gegen den Bescheid der Fuhrwerks-B.G. vom 10. Juli 1913 erhebe ich Einspruch und bitte, vor dem Versicherungsamt gehört zu werden.

Am 30. April 1913 habe ich bei der B.G. einen Antrag auf Entschädigung für die Folgen meines Unfalls vom 22. Januar 1913 gestellt. Die Sektion IV hat meinen Anspruch abgelehnt, weil ich durch die Folgen des Unfalls in meiner Erwerbsfähigkeit nicht über dreizehn Wochen in wesentlichem Grade beeinträchtigt worden sei. Dies muß ich bestreiten. Der Bruch des rechten Unterschenkels ist schlecht geheilt und verursacht mir noch andauernd heftige Schmerzen, so daß mir das Gehen mit dem verletzten Bein noch sehr erschwert ist. Ich habe deshalb auch nur leichte Beschäftigung als Materialausgeber angenommen, bei der ich viel im Sitzen arbeiten kann. Ich verdiene jetzt nur 3 Mark täglich, während ich vor dem Unfall 4 Mark Lohn erhielt.

Karl Simon,
Kutscher.

Angenommen die B.G. (oder Sektion) spricht hierauf dem Verletzten im Endbescheid eine Teilrente von 10% zu, legt aber der Rentenberechnung nach Ansicht des Verletzten einen zu niedrigen Jahresarbeitsverdienst zugrunde. Deshalb: Berufung des Verletzten an das Oberversicherungsamt.

3. **Berufung** (S. 55):

(Zwei Schriftsätze einreichen, einer für das Berufungsgericht, einer für die B.G. Zweckmäßig behält der Verletzte auch für sich eine Abschrift zurück.)

Berlin, den 12. September 1913,
Brunnenstraße 34, Hof pt.

An das Oberversicherungsamt Groß-Berlin

in Berlin-Charlottenburg.

Gegen den Endbescheid der Fuhrwerks-B.G. vom 27. August 1913 erhebe ich Berufung.

Am 22. Januar 1913 habe ich im Betriebe des Fuhrwerksunternehmers Albert König in Berlin, Brunnenstraße 216, einen Unfall erlitten (Bruch des rechten Unterschenkels). Die Fuhrwerks-B.G. hat mir eine Teilrente von 10% gewährt. Damit bin ich zufrieden. Aber der von der B.G. festgesetzte Jahresarbeitsverdienst ist zu Unrecht auf nur 900 Mk. angenommen worden. Ich habe vielmehr in dem Jahre vor dem Unfall 1280 Mk. verdient. Ich bitte, eine Auskunft meines früheren Arbeitgebers König einzuholen.

Ich beantrage:

Die B.G. zu verurteilen, der Berechnung meiner Rente einen Jahresarbeitsverdienst von 1280 Mk. zugrunde zu legen und mir die außergerichtlichen Kosten zu erstatten, deren Betrag ich noch später angeben werde.

Karl Simon,
Kutscher.

Wenn das Oberversicherungsamt die Berufung des Verletzten ganz oder teilweise als unbegründet zurückweist, dann: Rekurs an das Reichsversicherungsamt möglich, weil die Rente des Verletzten in dem Endbescheid nicht als bloß „vorläufige" Rente bezeichnet ist (S. 25, 26) und auch das Oberversicherungsamt in dieser Hinsicht nichts geändert hat (S. 70).

4. Rekurs (S. 68):
(in zwei Schriftsätzen einzureichen):

Berlin, den 27. November 1913,
Brunnenstraße 34, Hof pt.

An das Reichsversicherungsamt
in Berlin.

In meiner Unfallversicherungssache gegen die Fuhrwerks-B.G. lege ich gegen das Urteil des Oberversicherungsamts in Berlin-Charlottenburg vom 4. November 1913

Rekurs

ein und beantrage:

> Die B.G. zu verurteilen, der Berechnung meiner Rente einen Jahresarbeitsverdienst von 1280 Mark zugrunde zu legen und mir an Kosten für die Einreichung meiner Schriftsätze und Wahrnehmung des Termins vor dem Oberversicherungsamt 5 Mark zu erstatten.

Die B.G. hatte nur einen Jahresarbeitsverdienst von 900 Mark angenommen. Das Oberversicherungsamt hat ihn zwar auf 1050 Mark erhöht, aber auch dieser Betrag ist zu niedrig. Das Oberversicherungsamt nimmt an, daß ich in dem Jahr vor meinem Unfall vom 22. Januar 1913 nur Barlohn bezogen habe. Dies ist nicht richtig. Ich habe vielmehr auch freie Wohnung gehabt und an Trinkgeldern monatlich etwa 18 Mark erhalten. Ich beziehe mich auf das Zeugnis:

1. meines früheren Arbeitgebers König, der jetzt in Berlin, Invalidenstraße 76, wohnt;

2. meines früheren Mitarbeiters, des Kutschers Erich Schönborn in Berlin, Rosenthaler Straße 42, II.

Ich bemerke noch, daß ich am 1. Januar 1914 nach Berlin-Schöneberg, Kolonnenstraße 3, Stfl. 3 Treppen, verziehe.

Karl Simon,
Kutscher.

5. Erhöhungsantrag (S. 88):

Berlin, den 29. August 1913.
Fehrbelliner Straße 74, III.

An die Schmiede-B.G.
in Berlin-Dahlem.

Am 3. Januar 1910 habe ich in der Schmiede des Schmiedemeisters Ernst Müller in Berlin-Friedenau, Rheinstraße 34, durch einen abspringenden Stahlsplitter eine Verletzung des linken Auges erlitten. Für die Folgen dieses Unfalls beziehe ich von der Schmiede-B.G. eine Teilrente von 10 %. Inzwischen ist in den Unfallfolgen eine wesentliche Verschlimmerung eingetreten. In den letzten Monaten ist die Sehfähigkeit auf dem verletzten Auge infolge des Unfalls gänzlich erloschen. Dies mache ich durch anliegende Bescheinigungen des Augenarztes Dr. Blum sowie meines jetzigen Arbeitgebers Friedrich Schüler in Berlin, Friedrichstraße 42 glaubhaft.

Ich beantrage:
meine Rente auf 25% der Vollrente zu erhöhen.

Ernst Altmann,
Schmied.

6. Vollmacht (S. 57):

In meiner Unfallversicherungssache gegen die Fleischerei-B.G. bevollmächtige ich den Arbeitersekretär Ernst Faber zu Berlin, Steglitzer Straße 54, mich zu vertreten.

Berlin, den 7. Juni 1913.

Erich Wilke,
Arbeiter,
Friedenstraße 6, Hof I.

B. Verzeichnis von unentgeltlichen Rechtsauskunftstellen.

I. Verein für Unfallverletzte.

Geschäftsstelle: Berlin C 19, Roßstraße 7.

Sprechstunden: Montag, Mittwoch, Freitag 7—9 abends.

Zweck:

Erteilung von Rat und Auskunft,
Gewährung von Rechtsschutz,
Anfertigung von Schriftsätzen,
Fürsorge für Unfallverletzte und deren Familien — aber keine Geldunterstützung,
Vermittlung geeigneter Arbeitsstellen für Mindererwerbsfähige.

Die Inanspruchnahme des Vereins ist kostenlos.

Der Verein unterhält Werkstätten für Bürstenwaren und für Seilerei für geeignete unfallverletzte Arbeiter. Wochenlohn: Anfangs 7—9 Mark, später 10—14 Mark bei achtstündiger Arbeitszeit.

II. Verband der deutschen gemeinnützigen und unparteiischen Rechtsauskunftstellen.

Zweck: Rechtsauskunftstellen einzurichten und zu unterhalten, die an jedermann aus den minderbemittelten Bevölkerungskreisen ohne Unterschied der Religion, der politischen Partei, der Organisation, des Berufs unentgeltlich Rechtsrat erteilen und Rechtsbeistand gewähren. Einzelne Stellen verlangen von nicht mittellosen Personen Schreibgebühren und Ersatz des Portos. Die Rechtsauskunftstellen vermitteln sämtlich auch die persönliche Vertretung vor dem Reichsversicherungsamt kostenlos.

Vorstand: z. Z. Oberbürgermeister Kaiser in Neukölln.

1. Aachener Verein für Volkswohlfahrt e. V., Aachen, Volksbureau, Peterstraße 45. Dienstag und Donnerstag 10—1, Sonntag 3—6.
2. Magistrat Altona. Öffentl. Rechtsauskunftstelle, Hoheschulstraße 11. Dienstag und Freitag 8—9½ abends.
3. Magistrat Aschersleben. Rechtsauskunftstelle, Bestehornhaus. Montag, Mittwoch und Sonnabend 4—8.
4. Magistrat Augsburg. Städtisches Vermittelungsamt, Polizeigebäude. Montag und Freitag 9—12 und 3—6, Mittwoch 3—6, Sonnabend 5—6.
5. Verein für Gemeinwohl in Barmen. Volksauskunftei, Heidter Straße 2. Werktäglich 8½—12½ und 3¼—7½.

6. Bürgermeisterei Benrath a. Rh. Kommunale Rechtsberatungsstelle. Dienstag, Mittwoch und Freitag 3—6 bzw. 8.
7. Bürgermeisterei Bergisch-Gladbach. Städtische Rechtsauskunftstelle, Rathaus. Werktäglich 10—12 und 4—6, außer Mittwoch und Sonnabend nachmittag.
8. Handwerkskammer Berlin, Teltower Straße 1—4. Rechtsauskunftstelle. Dienstag 5—7.
9. Gemeinnütziger Verein für Rechtsauskunft (E. V.) in Groß-Berlin, Nollendorfstraße 29/30. — Wedding, Lindower Straße 6, werktäglich 9—12 und 5—7, außer Sonnabend nachmittag. Gormannstraße 13, werktäglich 9—12. Oranienstraße 105, werktäglich 9—12 und 3—5, außer Sonnabend nachmittag. Charlottenburg, Berliner Straße 137, werktäglich 9—12 und 4—6, Montag und Donnerstag 4—6, Dienstag und Sonnabend 9—2. Schöneberg, Altes Rathaus. Schwimmendes Schifferheim, Montag und Donnerstag 6—8. Gormannstraße 13, für weibliche Rechtsauskunftsuchende werktäglich 5—7, außer Mittwoch. Treptow, Montag 10—1 und Donnerstag 5—7. Oberschöneweide, Dienstag 10—1 und Freitag 5—7. Britz, Mittwoch 10—1. Reinickendorf, Donnerstag 10—1 und Montag 5—7. Adlershof, Freitag 10—1 und Dienstag 5—7. Königs-Wusterhausen, Mittwoch 4—5. Friedrichshagen, Mittwoch 5—7.
10. Kaufmännischer Verband für weibliche Angestellte (E. V.) Berlin, Köpenicker Straße 74. Rechtsauskunftstelle. Werktäglich 10—3.
11. Magistrat Bernburg. Städt. Rechtsauskunftstelle. Rathaus. Werktäglich 8—12 und 2—6.
12. Bureau des Deutschen Volksblatts für Oberschlesien. Beuthen, O.-S., Gartenstraße 10. Rechtsauskunftstelle. Werktäglich 5—7, Sonntag 11—12.
13. Magistrat Biebrich a. Rh. Unparteiische Rechtsauskunftstelle, Rathaus. Montag und Donnerstag 6—7 nachmittags, im Dezember und Januar $6^1/_2$—$7^1/_2$.
14. Magistrat Bielefeld. Gemeinnützige Rechtsberatungsstelle, Zimmerstraße 19. Werktäglich $8^1/_2$—1 und 4—7.
15. Volksbureau Bocholt i. W., Langenbergstraße 16. Dienstag, Donnerstag und Freitag 8—10 vormittags, Donnerstag und Sonnabend 5—8.
16. Deutscher Gruben- und Fabrikbeamten-Verband (E. V.) Bochum i. W. Werktäglich $8^1/_2$—$12^1/_2$ und 3—7.
17. Magistrat Bochum. Städt. Rechtsauskunftstelle, Rathaus. Im Sommer werktäglich 8—1 und 3—6, im Winter werktäglich 9—1 und 3—7.
18. Auskunftstelle für Wohlfahrtspflege und Rechtsfragen Bonn, Schumannstraße 43. Für männliche Personen Dienstag $7^1/_2$—9, für weibliche Personen Dienstag 6—$7^1/_2$ und Donnerstag 4—6.
19. Magistrat Brandenburg a. H. Städt. Rechtsauskunftstelle, Molkenmarkt 1. Werktäglich 11—1 und 5—7.
20. Stadtmagistrat Braunschweig. Städt. Rechtsauskunftstelle, Rathaus. Werktäglich 9—1 und 3—6.

21. Bürgerlicher Volksverein Bremen, am Wall 199. Rechtsauskunftstelle. Werktäglich 9—1 und 4—8, außer Sonnabend.
22. Gemeinnütziges Volksbureau (E. V.) Breslau, Altbüßerstraße 42. Werktäglich 12—1½ und 6—7½, außer Sonnabend; Sonntag 12—1.
23. Rechtsauskunftstelle, gemeinnütziger Verein, Bromberg, Hofstraße 5. Werktäglich 9—1 und 4—7, außer Mittwoch nachmittag.
24. Rechtsberatungsstelle für Minderbemittelte Cassel, Wolfhagerstraße 20. Werktäglich 11—1 und 5—8.
25. Rat der Stadt Chemnitz. Städtische Rechtsauskunftstelle, Brückenstraße 10. Werktäglich 10—1 und 4—7.
26. Magistrat Coburg. Öffentliche Volksauskunftstelle für das Herzogtum Coburg, Rosengasse 1. Werktäglich 10—1½ und 4—7½, Sonntag 9—12.
27. Stadtcölnische gemeinnützige Rechtsauskunftstelle Cöln, Heumarkt 46/50. Werktäglich 10—1 und 5—7, außer Sonnabend.
28. Rechtsauskunftstelle des Kreises Cöthen, Cöthener Schloß, Geschäftszimmer der Kreiskrankenversicherung. Werktäglich 8—12 und 2—5, außer Mittwoch nachmittag.
29. Magistrat Cöthen in Anhalt. Städtische Rechtsauskunftstelle. Werktäglich 8—1 und 3—6.
30. Magistrat Cottbus. Städtische Geschäftsstelle für Rechtsauskunft, Marktplatz 21. Werktäglich 8—1 und 3—7.
31. Kreisausschuß des Kreises Crefeld. Gemeinnützige Rechtsberatungsstelle, Bismarckstraße 51. Vom 1. 4. bis 30. 9. werktäglich 8—12½ und 3—6½, vom 1. 10. bis 31. 3. werktäglich 8½—12½ und 3—7.
32. Verein für soziale Wohlfahrtseinrichtungen (E. V.) Crefeld, Weststraße 40. Rechtsauskunftstelle. Werktäglich 10—12½ und 5—7½.
33. Magistrat Danzig. Städtische Rechtsauskunftstelle, Heumarkt 8. Werktäglich 8—1 und 4—7, Sonnabend 8—2.
34. Großherzogliche Bürgermeisterei Darmstadt. Städtische Rechtsauskunftstelle, Waldstraße 6. Werktäglich 9—12½ und 2½—5, außer Sonnabend.
35. Magistrat Dessau. Städtisches Rechtssekretariat, Zerbster Straße 33. Werktäglich 8½—1½ und 5—7, außer Mittwoch nachmittag.
36. Magistrat Dortmund. Öffentliche Rechtsberatungsstelle, Balkenstraße 18. Werktäglich 9½—1, vom 1. 4. bis 30. 9. nachmittags 4—6, außer Donnerstag, vom 1. 10. bis 31. 3. nachmittags 5—7.
37. Verein für öffentliche Rechtsauskunft Dresden, Blumenstraße 2. Werktäglich 11—1 und 6—8, außer Mittwoch nachmittag.
38. Gemeinde Drewitz, Kreis Teltow. Rechtsauskunftstelle. Donnerstag 6—9 nachmittags.
39. Kreisausschuß des Kreises Düren. Gemeinnützige Rechtsauskunftstelle. Dienstag 4—7.
40. Allgemeine Rechtsauskunftstelle Düsseldorf, Immermannstraße 39. Werktäglich 10½—1½ und 5½—7½.
41. Stadt Duisburg. Städtische Rechtsauskunftstelle, Altes Gymnasium. Werktäglich 10—1, außer Sonnabend, vom 1. 4. bis 30. 9. nachmittags 4—6, vom 1. 10. bis 31. 3. nachmittags 4—7.

42. Magistrat Eichstädt in Bayern. Städtisches Auskunftsamt. Werktäglich 10—12, an Sonn- und Feiertagen 10—11.
43. Magistrat Eilenburg. Öffentliche Rechtsauskunftstelle, Rathaus. Werktäglich 8—12 und 3—6.
44. Einbeck. Rechtsauskunftstelle.
45. Mansfeldsche Kupferschiefer bauende Gewerkschaft Eisleben. Rechtsauskunftstelle, Jüdenhof 10. Mittwoch 10—12, Montag und Freitag 4—6.
46. Stadt Elberfeld. Städtische Rechtsauskunftstelle, Rathaus. Werktäglich $8^1/_2$—1 und 3—6.
47. Magistrat Elbing. Städtische Rechtsauskunftstelle. Werktäglich 8—1 und 3—6.
48. Magistrat Elmshorn. Öffentliche Rechtsauskunftstelle, Schulstraße 1. Dienstag und Donnerstag 6—7.
49. Magistrat Emden. Städtische Rechtsauskunftstelle. Montag und Donnerstag 6—7, an den übrigen Wochentagen 12—1.
50. Bürgermeisterei Emmerich. Städtische Rechtsauskunftstelle. Im Sommer werktäglich 8—$12^1/_2$ und $2^1/_2$—6, im Winter werktäglich $8^1/_2$ bis $12^1/_2$ und 3—7, an Sonn- und Festtagen 11—12.
51. Magistrat Erfurt. Städtische Rechtsauskunftstelle, Rathausgasse 1. Werktäglich 10—1 und 3—$4^1/_2$, außer Sonnabend nachmittag.
52. Rechtsauskunftstelle für Minderbemittelte in Eschweiler, Rathaus. Werktäglich $8^1/_2$—1 und 3—5, Sonnabend geschlossen, Sonntag 10—$11^1/_2$.
53. Stadt Essen a. d. Ruhr Städtische Rechstauskunftstelle, Burgstraße 10. Werktäglich 10—1 und 4—7.
54. Bürgermeisterei Euskirchen. Städtische Rechtsauskunftstelle. Dienstag und Donnerstag 12—1, Mittwoch und Sonnabend 6—8.
55. Magistrat Flensburg. Öffentliche Rechtsberatungsstelle, Rathaus. Werktäglich 10—$12^1/_2$ und 3—6.
56. Magistrat Forst (Lausitz). Städtische Rechtsauskunftstelle. Werktäglich 9—1 und 3—7.
57. Soziales Museum (E. V.) Frankfurt a. Main, Jordanstraße 19. Gemeinnützige Rechtsauskunftstelle, Börsenstraße 19. Werktäglich 9—1 und 3—7, Sonnabend 9—1 und 3—5.
58. Stadtrat Freiburg i. B. Rechtsauskunftstelle, Franziskanerplatz 2. Werktäglich 9—1 und 3—7.
59. Kreisbauverein Geestemünde, G. m. b. H. Gemeinnützige Rechtsauskunftstelle Schillerstraße 47. Werktäglich 11—1 und 3—7.
60. Rechtsauskunftstelle für den Kreis Gelnhausen, Untermarkt. Mittwoch und Sonnabend 2—6.
61. Magistrat Gelsenkirchen. Gemeinnützige Rechtsberatungsstelle, Neumarkt 1. Werktäglich 9—12.
62. Kreisausschuß des Kreises Gelsenkirchen. Röhlinghausen, Dienstag 7—8 nachmittags; Eickel, Donnerstag 2—4; Wattenscheid 5—7.
63. Magistrat Gevelsberg. Rechtsauskunftstelle.
64. Magistrat Görlitz. Öffentliche Rechtsauskunftstelle, Luisenstraße 19. Werktäglich 11—1 und 4—7, an Sonn- und Festtagen 11—12.

65. Magistrat Göttingen. Städtische Rechtsauskunftstelle, Rathaus. Werktäglich 9—1, Sonntag 11—12.
66. Rechtsauskunftstelle für das Herzogtum Gotha, Erfurter Straße 2. Werktäglich 10—$1^1/_2$ und $4^1/_2$—7, Sonnabend 9—2.
67. Magistrat Guben. Städtische Rechtsauskunftstelle, Schulstraße 11. Werktäglich 8—1 und 4—7, Sonnabend 8—1 und 4—6.
68. Stadt Hagen i. W. Städtische Rechtsauskunftstelle. Werktäglich 8 bis $12^1/_2$ und 3—7.
69. Magistrat Halberstadt. Städtische Rechtsauskunftstelle, Rathaus. Dienstag, Donnerstag und Sonnabend 10—1 und 4—6, Donnerstag nachmittags 4—7.
70. Magistrat Halle a. S. Städtische Rechtsauskunftstelle, Schmeerstraße 1. Im Winter werktäglich 9—1 und 3—7, Sonnabend 8—3, im Sommer 7—2.
71. Rechtsschutzverband für Frauen zu Halle a. S.
72. Bürgermeisterei Hamborn (Rhld.). Öffentliche Rechtsberatungsstelle. Werktäglich 8—$12^1/_2$ und 3—$6^1/_2$.
73. Volksheim in Hamburg, Billhorner Mühlenweg 41. Rechtsauskunftstelle I, Billhorner Mühlenweg 41. Dienstag, Donnerstag und Sonnabend 7—9 Uhr abends.
Rechtsauskunftstelle II, Marschnerstraße 36. Montag, Mittwoch und Sonnabend 7—9 Uhr abends.
Rechtsauskunftstelle III, Sachsenstraße 21. Montag, Mittwoch und Freitag 7—9 Uhr abends.
74. Magistrat Hameln. Städtische gemeinnützige Rechtauskunftstelle.
75. Magistrat Hamm i. W. Städtisches Volksbureau, Südenwall 18. Werktäglich 9—1 und 3—6.
76. Magistrat Hannover. Städtische Rechtsauskunftstelle, Leinstraße 11. Werktäglich 11—2 und 6—8, Sonnabend 10—12.
77. Magistrat Harburg. Städtische Rechtsauskunftstelle. Werktäglich 6—7, Sonn- und Festtag $11^1/_2$—$12^1/_2$.
78. Gemeinderat Heilbronn a. N. Städtische Rechtsauskunftstelle, Sülmerstraße 40. Werktäglich 10—$12^1/_2$, außer Mittwoch, Sonnabend 10—$1^1/_2$.
79. Magistrat Herford. Rechtsauskunftstelle, Rathaus. Dienstag und Freitag $5^1/_2$—8.
80. Magistrat Herne i. W. Gemeinnützige Rechtsauskunftstelle, Rathaus. Werktäglich 8—12 und 2—6.
81. Magistrat Hildesheim. Städtische Rechtsauskunftstelle, Rathausstraße 21, Eingang Judenstraße. Werktäglich 11—1 und 5—7.
82. Öffentliche Rechtsauskunftstelle für Stadt und Kreis Hirschberg i. Schl., Sand 2. Werktäglich 9—1 und 4—7, Sonntag 8—9 morgens.
83. Magistrat Höchst a. M. Gemeinnützige Rechtsauskunftstelle, Rathaus. Dienstag und Freitag 4—7.
84. Stadtmagistrat Holzminden. Städtische Rechtsauskunftstelle, Rathaus. Montag 9—12, Dientag $6^1/_2$—$7^1/_2$, Donnerstag 9—12.
85. Magistrat Insterburg. Städtische Rechtsauskunftstelle. Montag und Donnerstag 11—1.

86. Rechtsauskunftstelle des Kreis Steinburger gemeinnützigen Vereins in Itzehoe. Itzehoe, Dienstag und Freitag 6—7. Wilster, Mittwoch 2—3 1/2.
87. Stadt Jena. Städtische Rechtsauskunftstelle. Werktäglich 8—1 und 3—6.
88. Bürgermeisterei Kaiserslautern. Städtische Rechtsauskunftstelle Ludwigstraße 3. Werktäglich 9—12 und 4—7.
89. Bürgermeisteramt Karlsruhe. Städtisches Arbeitsamt, Zähringer Straße 100. Werktäglich 8—12.
90. Öffentliche gemeinnützige Rechtsauskunftstelle in Kattowitz.
91. Magistrat Kiel. Städtische Rechtsauskunftstelle, Martensdamm 13. Werktäglich 9—12 und 5—7.
92. Volksauskunftei Königsberg i. Pr., Wassergasse 29/30. Werktäglich 9—1 und 4—7.
93. Magistrat Lauban. Städtische Rechtsauskunftstelle, Rathaus. Werktäglich 8—1 und 3—6.
94. Verband deutscher Handlungs-Gehilfen in Leipzig, Harkortstraße 3. Werktäglich 8—12 1/2 und 2 1/2—6, Sonnabend 8—3.
95. Öffentliche gemeinnützige Rechtsauskunftstelle „Leipziger Volksbureau" in Leipzig, Grimmaischer Steinweg 15. Werktäglich 9—1 1/2 und 4 1/2 bis 7 1/2, Sonnabend 9—4.
96. Bürgermeisterei Lennep. Rechtsauskunftstelle, Rathaus. Werktäglich vormittags.
97. Rechtsauskunftstelle der Farbenfabrik vorm. Friedrich Bayer & Co., Leverkusen bei Mühlheim a. Rh. Werktäglich 11 1/2—12 1/2 und 5—6 1/2, außer Sonnabend nachmittag.
98. Öffentliche Rechtsauskunftstelle Liegnitz, Petristraße 8. Dienstag und Freitag 10 1/2—1, an den anderen Tagen 12—1 und 4—7.
99. Magistrat Lissa i. P., Rechtsauskunftstelle. Dienstag und Freitag 8—12.
100. Stadtrat Löbau. Städtische Rechtsauskunftstelle. Mittwoch und Sonnabend 11—12 1/2.
101. Magistrat Luckenwalde. Städtische Rechtsauskunftstelle, Dehmerstraße 52. Werktäglich 9—1 und 4—7, Sonntag nach dem 1. und 15. jeden Monats 11—12.
102. Bürgermeisteramt Ludwigshafen a. Rh. Städtische Rechtsauskunftstelle. Werktäglich 8—12 1/2 und 2—6 1/2.
103. Öffentliche Rechtsauskunftstelle für die freie und Hansestadt Lübeck, Parade 1. Werktäglich 10 1/2—1 und 5—7 1/2, außer Mittwoch nachmittag.
104. Magistrat Magdeburg. Städtische Rechtsauskunftstelle, Peterstraße 1. Werktäglich 8 1/2—1 und 3 1/2—7.
105. Bürgermeisteramt Mannheim. Städtische Rechtsauskunftstelle. Dienstag und Freitag 6—8.
106. Rat der Stadt Markranstädt. Öffentliche gemeinnützige Rechtsauskunftstelle. Freitag 6—8 nachmittag.
107. Öffentliche Rechtsauskunftstelle Mausbach bei Stolberg (Rhld.). Werktäglich 1 1/2—2 1/2, Sonntag 11—12.

108. Bürgermeisterei Mayen (Rhld.). Öffentliche Rechtsauskunftstelle. Werktäglich 9½—12½ und 5—7, außer Mittwoch und Sonnabend nachmittag.
109. Stadt Meldorf in Holstein. Städtische Rechtsauskunftstelle. Dienstag 7—9 abends.
110. Kreisausschuß des Kreises Mettmann in Vohwinkel. Velbert, Dienstag 5—7; Vohwinkel, Montag 6—8.
111. Gemeinnützige Rechtsauskunftstelle Minden i. W., Marienwallstraße 10/12. Minden, Dienstag und Donnerstag 4—8, Sonntag 11½—1; Radehorst, jeden 1. und 3. Montag im Monat 10—12; Bierde 1—2; Quetzen 3—5; Heimsen jeden 2. und 4. Montag im Monat 10—12; Neuenknick 1—3; Windheim 4—6; Ilse jeden 5. Montag im Monat 10—12; Rosenhagen 2—4; Loccum jeden 1. und 3. Mittwoch im Monat 10—12; Münchehagen 3—5; Niederwöhren jeden 2. und 4. Mittwoch 10—12; Meerbeck 3—5.
112. Bürgermeisteramt Mülhausen i. E. Städtische Rechtsauskunftstelle, Lambertplatz 5. Werktäglich 9—12 und 2—6.
113. Stadt Mülheim a. Rh. Städtische Rechtsauskunftstelle, Deutzer Straße 136. Werktäglich 11—1 und 6—8, Sonntag 11—12.
114. Stadtmagistrat München. Städtische Rechtsauskunftstelle, Sparkassenstraße 4. Werktäglich 1—3.
115. Gemeinnützige Rechtsauskunftstelle Myslowitz, Poststraße 7. Werktäglich 5—7.
116. Magistrat Neukölln. Städtische Rechtsauskunftstelle, Isarstraße 12. Werktäglich 9—1, 4—7, Sonnabend 9—1.
117. Gemeinnützige Rechtsauskunftstelle Neumünster Freitag 6½—8 abends.
118. Magistrat Nienburg a. d. W. Städtische Rechtsauskunftstelle. Montag und Sonnabend 7—8 abends.
119. Magistrat Nordhausen. Städtische Rechtsauskunftstelle.
120. Stadtmagistrat Nürnberg. Städtische Rechtsauskunftstelle, Spitalhof 11/13. Werktäglich 8—12 und 2—6.
121. Gemeinnützige Rechtsauskunftstelle für die Arbeiter der G. m. b. H. Christian Dierig zu Oberlangenbielau i. Schl. Mittwoch 5½—6, Sonnabend 4—6.
122. Bürgermeisterei Offenbach a. M. Städtische Rechtsauskunftstelle. Werktäglich 10—1.
123. Bürgermeisterei Ohligs. Städtische Rechtsauskunftstelle, Rathaus. Werktäglich 11—1.
124. Gemeinde Osterfeld i. W. Rechtsauskunftstelle, Hauptstraße 18. Werktäglich 9—12 und 3—6.
125. Kreisausschuß des Kreises Osthavelland in Nauen. Rechtsauskunftstelle, Potsdamer Straße 61. Werktäglich 9—1 und 4—7, außer Mittwoch und Sonnabend.
126. Gemeindevorstand Pankow bei Berlin. Öffentliche Rechtsauskunftstelle, Rathaus. Montag, Mittwoch und Freitag 6—8.
127. Stadtrat Pforzheim in Baden. Städtische Rechtsauskunftstelle, Rathaus. Werktäglich 9—1 und 3—7.

128. Verein zur Fürsorge für kranke Arbeiter in Posen, Ziegenstraße 8. Rechtsauskunftstelle. Werktäglich 8—1 und $3^1/_2$—6, Montag, Mittwoch und Freitag bis 7, Sonntag 12—1.
129. Magistrat Potsdam. Städtische Rechtsauskunftstelle, Alter Markt 1. Werktäglich 3—6.
130. Magistrat Quedlinburg. Städtische Rechtsauskunftstelle, Quedlinburg.
131. Magistrat Regensburg. Städtische Rechtsauskunftstelle, Neupfarrplatz 8. Werktäglich $8^1/_2$—$12^1/_2$ und $3^1/_2$—$6^1/_2$.
132. Auskunftstelle für die Angestellten und Arbeiter der Bergischen Stahl-Industrie G. m. b. H. in Remscheid, Papenberger Straße 19.
133. Rechstauskunftstelle des Alexanderwerks A. von der Nahmer A.-G., Remscheid. Montag bis Freitag 8—12 und 2—6, Sonnabend 8—2.
134. Gemeinnütziger Verein des Kreises Rendsburg. Öffentliche Rechtsauskunftstelle, Wallstraße 11. Werktäglich 10—1 und 6—$7^1/_2$, jeden 1. und 3. Sonntag im Monat 11—1.
135. Gemeinderat Reutlingen. Städtisches Auskunftsamt. Werktäglich 10—1 und 4—7, außer Mittwoch.
136. Magistrat Roßlau a. E. Städtische Rechtsauskunftstelle, Rathaus. Werktäglich 8—$12^1/_2$, 3—6.
137. Bürgermeisterei Rotthausen. Gemeinnützige Rechtsauskunftstelle. Mittwoch 5—7.
138. Gräflich von Ballestremsche Güterdirektion in Ruda, O.-Schl., Kreis Zabrze. Rechtsauskunftstelle. Werktäglich 8—12 und 2—6.
139. Stadtrat Rudolstadt. Städtische Rechtsauskunftstelle. Werktäglich 10—1.
140. Magistrat Siegen. Rechtsauskunftstelle, Rathaus. Werktäglich 8—12 und 2—4.
141. Kreisausschuß des Kreises Solingen. Kreisarbeitsnachweisstelle Opladen, Düsseldorfer Straße 14. Werktäglich 10—11, 2—3 und $4^1/_2$—$5^1/_2$.
142. Rechtsauskunftstelle bei dem Königlichen Gewerbegericht in Solingen, Zollernstraße 20. Werktäglich 10—4.
143. Magistrat Spandau. Rechtsauskunftstelle. Mittwoch und Freitag 5—7 nachmittags.
144. Fürstlich Schaumburg-Lippisches Ministerium in Bückeburg. Rechtsauskunftstelle in Stadthagen. Jeden 1., 2. und 3. Mittwoch im Monat in der städtischen Fortbildungsschule von $3^1/_2$—7. In Steinhude jeden 4. Mittwoch im Café Fischerhaus von $3^1/_2$—$6^1/_2$.
145. Bürgermeisterei Sterkrade. Rechtsauskunftstelle. Werktäglich 8—$12^1/_2$ und $2^1/_2$—$6^1/_2$.
146. Magistrat Stettin. Städtische Rechtsauskunftstelle, Magazinstraße 1. Werktäglich 9—12 und $4^1/_2$—$7^1/_2$, außer Donnerstag nachmittag.
147. Bürgermeisterei Stolberg (Rhld.). Gemeinnützige Rechtsauskunftstelle, Rathaus. Werktäglich 6—7, Sonntag 11—$12^1/_2$.
148. Kreisausschuß des Kreises Stolp i. Pomm. Rechtsberatungsstelle, Stolp. Sonnabend 8—12. Schwarz-Damerkow jeden 1. Dienstag 8—$11^1/_2$, Glowitz jeden 3. Dienstag $8^1/_2$—11.

149. Bürgermeisterei Stoppenberg (Rhld.). Rechtsauskunftstelle, Rathaus. Werktäglich 9—12 und 3—6, außer Sonnabend nachmittag.
150. Bürgermeisteramt Straßburg i. E. Städtische Rechtsauskunftstelle, Schlossergasse 16. Werktäglich 8$^1/_2$—12 und 3—7.
151. Kreisausschuß des Kreises St. Wendel. Öffentliche Rechtsauskunftstelle.
152. Gemeindevorstand Tichau, Kreis Pleß. Werktäglich 10—1.
153. Magistrat Tilsit. Städtische Rechtsauskunftstelle. Werktäglich 8—1 und 3—6.
154. Magistrat Uelzen, Rechtsauskunftstelle. Donnerstag 5—7.
155. Gemeinderat Ulm a. D. Städtisches Auskunftsamt, Taubengasse 2. Werktäglich 9$^1/_2$—12$^1/_2$ und 4—7, Sonnabend 12—2.
156. Bürgermeisteramt Voerde, Kreis Dinslaken. Rechtsauskunftstelle. Werktäglich 8$^1/_2$—12$^1/_2$ und 3—6.
157. Bürgermeisterei Wald (Rhld.). Städtische Rechtsauskunftstelle. Werktäglich 10—1 und 6—8, außer Sonnabend nachmittag.
158. Verein zur Förderung des Wohls der arbeitenden Klassen im Kreise Waldenburg i. Schl., Waldenburg. Rechtsauskunftstelle, Auenstraße 1. Werktäglich 9—12, außer Montag, Dienstag auch von 3—6.
159. Magistrat Weißenfels a. S. Städtische Rechtsauskunftstelle. Werktäglich 10—1$^1/_2$ und 5—6$^1/_2$, außer Sonnabend nachmittag.
160. Gemeindevorstand Weißensee. Rechtsauskunftstelle. Werktäglich 10—2.
161. Verein für Auskunft über Wohlfahrtseinrichtungen und Rechtsfragen (E. V.) in Wiesbaden, Rathaus. Werktäglich 6—7.
162. Magistrat Wilhelmshaven. Städtische Rechtsauskunftstelle, Rathaus. Dienstag und Freitag 9—1, Montag und Donnerstag 6—7$^1/_2$.
163. Magistrat Wittenberge, Bez. Potsdam. Städtische Rechtsauskunftstelle, Steinstraße 47 (Gewerbebureau). Werktäglich 9—12$^1/_2$ und 4$^1/_2$ bis 6$^1/_2$, außer Sonnabend nachmittag.
164. Gemeinnützige Rechtsauskunftstelle des Kreises Worbis. Werktäglich 8—1 und 4—7, Sonntag 11—1.
165. Großherzogliche Bürgermeisterei Worms. Städtische Rechtsauskunftstelle, Rathaus. Werktäglich 2$^1/_2$—6, Sonnabend nur bis 4.
166. Bürgermeisteramt Wyk auf Föhr. Rechtsauskunftstelle. Werktäglich 10—12 und 3—5.
167. Kreisdirektion Zerbst in Zerbst, Rechtsauskunftstelle. Zerbst werktäglich 10—12. Crowitz besondere Sprechtage.
168. Magistrat Zerbst. Städtische Rechtsauskunftstelle. Werktäglich 12—1.
169. Öffentliche gemeinnützige Rechtsauskunftstelle für Zwickau und Umgebung in Zwickau i. Sa., Regierungsplatz 3. Werktäglich 11—1$^1/_2$ und 5—7, außer Freitag nachmittag, Sonnabend 11—3.
170. Magistrat Schönebeck a. Elbe, Rechtsauskunftstelle, Rathaus. Werktäglich 12—1, Mittwoch und Freitag auch 6—7.
171. Magistrat Tondern.

III. Verband christlicher und vaterländischer Volksbureaus

Sitz: Soziale Geschäftsstelle für das Evangelische Deutschland (E.V.) Berlin NW 87, Tile-Wardenbergstraße 28.

Dem Verbande sind zurzeit folgende Stellen angeschlossen:

Brandenburg: Arbeitersekretariat, Kirchhofstraße 32. Sekretär Brune.
Eisenach: Arbeitersekretariat, Adelheidstraße 13. Sekretär Neumann.
Essen: Volksbureau, Grabenstraße 27. Sekretär Will.
Freie Evang. Volksvereinigung Barmen, Recklinghauser Straße 6.
Hagen i. W.: Volksbureau, Weststraße 8. Sekretär Koch.
Iserlohn: Volksbureau, Kluse 40. Sekretär Jakobi.
Cottbus: Arbeitersekretariat, Eilenburger Straße 30. Sekretär Spiekerkötter.
Greifswald: Arbeitersekretariat, Brüggstraße 22, pt. Sekretär Vollmert.
Posen: Volksbureau, Halbdorfstraße 4. Sekretär Bördner.
Siegen i. W.: Volksbureau, Hagener Straße 11. Sekretär Beer.
Schwerin i. M.: Arbeitersekretariat. Sekretär Timm.
Stuttgart: Volksbureau. Sekretär Pfeffer.
Wernigerode a. Harz: Arbeitersekretariat. Sekretär Gattermann.
Sondershausen: Arbeitersekretariat, Lutherstraße 6. Sekretär Albertsmeier.

Die Stellen erteilen Auskunft an jedermann und übernehmen durch Vermittelung der Geschäftsstelle Vertretungen vor dem Reichsversicherungsamt. Meist gewähren sie die Vertretungen unentgeltlich nur den Mitgliedern der angeschlossenen Vereine, beschränken auch die freie Fertigung von Schriftsätzen auf solche Mitglieder (Evangelische Arbeitervereine usw.).

IV. Die christlichen Gewerkschaften.

Die Arbeiter, welche den christlichen Gewerkschaften angehören, können sich, wenn sie in Unfallversicherungssachen des Rats bedürfen, an die Beamten ihres Verbandes wenden, von denen es in jeder größeren Stadt einen oder mehrere gibt. Die Adressen aller dieser Beamten hier zu veröffentlichen, würde zu weit führen. Ist es den verletzten Arbeitern nicht möglich, die ihnen am nächsten wohnenden Beamten zu ermitteln, so mögen sie sich an die Vorsitzenden der einzelnen Verbände wenden. Diese sind für:

1. Bergarbeiter: Hermann Vogelsang, Essen (Ruhr), Schützenbahn 62. Für Bergarbeiter sind auch noch folgende Rechtsschutzbeamte bestellt: Mathias Thiele, Essen (Ruhr), Schützenbahn 62; Peter Spürkel, Buer-Beckhausen, Hobackestraße 29; Peter Emmel, Homburg-Hochheide, Ottostraße 73.
2. Textilarbeiter: C. M. Schiffer, Düsseldorf, Corneliusstraße 66.

3. Bauarbeiter: Jos. Wiedeberg, Berlin O 17, Rüdersdorfer Straße 60.
4. Metallarbeiter: Franz Wieber, Duisburg, Seitenstraße 19.
5. Bayerische Eisenbahner: Max Lehner, München, Bayerstraße 73.
6. Württembergische Eisenbahner: J. Groß, Stuttgart, Urbanstraße 86.
7. Staats- und Gemeindearbeiter: H. Oswald, Aschaffenburg, Dalbergstraße 39.
8. Holzarbeiter: H. Kurtscheid, Cöln, Palmstraße 14.
9. Heimarbeiterinnen: Margarete Behm, Berlin W 30, Nollendorfstraße 13/14.
10. Keram- und Steinarbeiter: Aloys Lechner, Cöln, Palmstraße 14.
11. Tabakarbeiter: G. Cammann, Düsseldorf, Aachener Straße 62.
12. Schneider und Schneiderinnen: A. Schwarzmann, Cöln, Palmstraße 14.
13. Lederarbeiter: Th. Rienecker, Frankfurt a. M., Schnurgasse 73.
14. Maler: Ferd. Brauer, Düsseldorf, Louisenstraße 37.
15. Angehörige der graphischen Berufe: A. Hornbach, Cöln, Palmstraße 14.
16. Krankenpfleger: G. Streiter, Berlin N 58, Schönhauser Allee 136.
17. Arbeiter der Nahrungsmittelindustrie: Chr. Schmitz, Düsseldorf, Helmholtzstraße 9.
18. Angehörige des Gutenbergbundes: Paul Thränert, Berlin S 42, Jakobikirchstraße 5.
19. Telegraphenarbeiter: G. Reller, Essen, Hohenburgstraße 80.
20. Gärtner: J. H. Bannier, Berlin O 27, Dirksenstraße 2.
21. Eisenbahner: C. Höser, Elberfeld, Straßburger Straße 6.
22. Kellner: A. Schaar, Hannover, Steintorfeldstraße 2.

Ihre Vertretung vor dem Reichsversicherungsamt in Berlin übernimmt das „Bureau für Arbeitervertretung vor dem Reichsversicherungsamt“ in Berlin-Steglitz, Bergstraße 11.

V. Verband westdeutscher katholischer Arbeitervereine.

Für die Mitglieder des Verbandes westdeutscher katholischer Arbeitervereine bestehen folgende Arbeitersekretariate:

Aachen: Pontstraße 51, Sekretariat des Volksvereins.
Altenhundem: Sekretariat des Volksvereins.
Beuthen O.-S.: Kl. Blottnitzastraße 23.
Bochum i. W.: Wilhelmstraße 9.
Bonn: Friedrichplatz 6.
Borbeck: Niederstraße 18.
Cöln a. Rh.: Annostraße 86.
Danzig: Pferdetränke 13.
Dortmund: Eisenmarktstraße 7.
Duisburg-Ruhrort: Kaiserstraße 130

Düsseldorf: Louisenstraße 33.
Elberfeld: Untergrünewaldstraße 18.
Essen (Ruhr): Fronhauserstraße 19.
Eulenberg bei Horhausen (Westerwald): Christl. Arbeitersekretariat.
Euskirchen: Wilhelmstraße 12.
Frankfurt a. M.: Schnurgasse 73.
Fulda: Frorengasse 7.
Gelsenkirchen: Theresienstraße 9.
Gladbeck i. W.: Kolpingstraße 5.
Hagen i. W.: Goldbergstraße 6.
Hamburg: Mühlenstraße 41.
Hamm i. W.: Friedrichstraße 24.
Herne: Neustraße 20.
Hildesheim: Mühlenstraße 18.
Kempen: Hessenring 6.
Koblenz: Görresstraße 6.
Krefeld: Dionysiusplatz 22.
Limburg: Kath. Gesellenhaus.
Lippstadt: Alte Soeststraße 12/14.
Mainz: Hintere Präsenzgasse 1.
Magdeburg: Reinh. Klügel.
Mörs: Kastell 13.
Mülheim (Rhein): Danzierstraße 83.
Mülheim (Ruhr): Styrum, Mülheimer Straße 55.
Mülhausen i. E.: Franklinstraße 2.
M.-Gladbach: Kurze Straße 11.
Münster: Hollenbecker Straße 31/32.
Neiße: An der Pfarrkirche.
Neuß: Niederstraße 25.
Offenbach a. M.: Gr. Marktstraße 11.
Osnabrück: Johannisstraße 126.
Recklinghausen: Kirchplatz 4a.
Saargemünd: Bahnhofstraße 5.
Siegburg: Kronprinzenstraße 5.
Stolberg (Rhld.): Rolandshaus.
Wiesbaden: Dotzheimer Straße 24.
Worms: Andreasstraße 21, Sekretariat des Volksvereins.

VI. Verband süddeutscher katholischer Arbeitervereine.

Für die Mitglieder des Verbandes süddeutscher katholischer Arbeitervereine bestehen folgende Arbeitersekretariate:

Aschaffenburg: Stiftsgasse 14.
Augsburg: Pfaffengäßchen E 220.
Homburg (Pfalz): Deutschestraße 26.

Kempten (Algäu): Kath. Vereinshaus.
Kronach: Kath. Arbeiterheim.
München: Herrnstraße 36.
Neustadt a. H.: Landschreibereistraße 5.
Nürnberg: Tucherstraße 9.
Offenburg: J. Ziegelmeier.
Regensburg: Maximilianstraße 27/28.
Rosenheim: Innstraße 15.
Schweinfurt: Wilhelmstraße 5.
Würzburg: Marienplatz 4.
Stuttgart: Landhausstraße 30.
Freiburg i. B.: Belfortstraße 20.
Karlsruhe: Schützenstraße 39.
Lörrach: Basler Straße 27.
Mannheim: K 1, 17.
Singen a. H.: Louisenstraße 6.

VII. Evangelische Arbeitersekretariate.

Berlin N 28: Gamlerstraße 26.
Berlin NW: Turmstraße 46.
Bernsdorf: Joh. H. Bode, Arbeitersekretär.
Bremen: Steffelsweg 57a.
Breslau: Altbüßerstraße 42.
Eisenach: Hugo Neumann, Arbeitersekretär.
Elberfeld: Kasinostraße 1.
Elbing (Westpr.): H. Krause, Arbeitersekretär.
Essen (Ruhr): Evangel. Geschäftsstelle für Soziale Arbeit, Dinnendahlstraße 9.
Hagen i. W.: Karlstraße 39.
Hannover-Döhren: Hildesheimer Chaussee 22.
Kaiserslautern: Albrechtstraße 4a.
Mülheim (Ruhr): Querstraße 1.
Nürnberg: Radbrunnengasse 2.
Posen: Halbdorfstraße 4.
Stendal: H. Barkei, Arbeitersekretär.
Schwerin (Mecklenburg): Karl Timm, Arbeitersekretär.
Unna: Fr. Knollmann, Arbeitersekretär.
Witten: Wiesenstraße 43.

VIII. Arbeitersekretariate des Verbandes der katholischen Arbeitervereine (Sitz Berlin).

1. Berlin: Kaiserstraße 37 (Reichsarbeitersekretariat).
2. Allenstein: Jakobstraße 14.
3. Beuthen: Hospitalstraße 1.

4. Breslau: Antonienstraße 26.
5. Coblenz: Hohenzollernstraße 131.
6. Dresden-A.: Florastraße 17.
7. Elbing: Sternstraße 47.
8. Erfurt: Johannesstraße 41.
9. Glatz: Wiesenstraße 15.
10. Gleiwitz: Am alten Roßmarkt 7.
11. Görlitz: Emmerichstraße 76.
12. Heiligenstadt (Eichsfeld): Wilhelmstraße.
13. Hultschin (O.-S.).
14. Kattowitz: Bernhardstraße 1.
15. Kirchen a. d. Sieg.
16. Königsberg i. Pr.: Oberhaberberg 93.
17. Königshütte (O.-S.): Wasserstraße 11.
18. Lissa (Posen): Kaiser-Wilhelm Straße 54.
19. Kreuznach: Johannesstraße 14.
20. Magdeburg: Braunschweiger Straße 94a.
21. Mayen (Rhld.).
22. Neunkirchen (Saar): Hüttenbergstraße 42.
23. Neurode (Schles.): Glatzer Straße 46.
24. Oppeln: Wilhelmsplatz 3.
25. Ratibor (O.-S.): Eisenbahnstraße 15.
26. Reichenbach (Schles.): Klosterplan 6.
27. Saarbrücken II: Triererstraße 30.
28. Saargemünd: Blaubergerweg 7.
29. Schneidemühl: Gr. Kirchenstraße 25.
30. Trier: Jakobstraße 30.
31. Waldenburg: Mühlenstraße 18.

Das „Reichsarbeitersekretariat" (1) erteilt mündlich und schriftlich Auskunft in Unfall-, Invaliden- und Krankenversicherungssachen und übernimmt die persönliche Vertretung in den Terminen vor dem Oberversicherungsamt Groß-Berlin in Berlin-Charlottenburg und vor dem Reichsversicherungsamt zu Berlin. Die notwendigen Schriftsätze werden angefertigt.

Die Arbeitersekretariate (2—31) erteilen mündlich und schriftlich Auskunft in Unfall-, Invaliden- und Krankenversicherungssachen. Die notwendigen Schriftsätze werden angefertigt und Vertretungen vor den am Orte befindlichen Oberversicherungsämtern übernommen.

Sämtliche Sekretariate erteilen die Auskünfte unentgeltlich und führen ebenso auch die Vertretungen aus. Gefordert wird lediglich die Erstattung der baren Portoauslagen.

IX. Arbeitersekretariate, Rechtsauskunftstellen und Auskunftsbureaus des Verbandes der Deutschen Gewerkvereine.

Als Arbeitersekretariate gelten Beratungsstellen mit einem eigens angestellten Beamten und mit täglichen Sprechstunden während des ganzen Tages.

Rechtsauskunftstellen sind nebenamtlich versehene Auskunftsstellen, die aber auch in der Regel täglich fest bestimmte Sprechstunden bei Tageszeit abhalten; meist werden sie von Agitationsbeamten der einzelnen Gewerkvereine versehen.

Auskunftsbureaus sind Auskunftsstellen, die von einem noch im Arbeitsverhältnis stehenden Arbeiter nach der Arbeitszeit versehen werden.

1. Arbeitersekretariate:

Aachen: (für den Ortsverband Aachen), Jülicherstr. 77. Wochentags 9—1 und 3—8.

Bremen: (für die Seestädte) Lindenstraße 2. Wochentags 11—1 und 5—8.

Düsseldorf: (für den Ortsverband Düsseldorf), Kurfürstenstraße 29. Wochentags 10—1 und 5—7.

Duisburg: (für den Ortsverband Duisburg), Ruhrorter Straße 85. Wochentags 10—1 und 4—7.

Frankfurt a. M.: (für den Ortsverband Frankfurt, Mainz, Worms), Alte Mainzer Gasse 90. Wochentags 9—11 und 4—7.

Magdeburg: (für den Ortsverband Magdeburg), Katharinenstraße 2/3. Wochentags 9—11 und 5—7. Sonntags 11—1.

Nürnberg: (für den Ortsverband Nürnberg), Schlehengasse 29. Wochentags 9—1 und 3—7. Sonntags 11—1.

Saarbrücken: (für den Ortsverband Saarbrücken und Umgegend), Nauwieserstraße 42. Wochentags $8^1/_2$—$12^1/_2$ und 5—7, Dienstag und Freitag nachmittags bis 8. Sonntags 11—$12^1/_2$.

2. Rechtsauskunftstellen:

Altena: (für den Gewerkverein der Maschinenbauer), Im Küstersort 17. Wochentags 10—5.

Augsburg: (für den Gewerkverein der Maschinenbauer), Langer Sachsengang 183. Wochentags 9—1 und 3—6.

Breslau: (für den Gewerkverein der Maschinenbauer), Königstraße 5. Wochentags 9—1 und 3—7. Sonntags 10—11.

Breslau: (für den Gewerkverein der Holzarbeiter), Messergasse 41.

Bromberg: (für den Gewerkverein der Maschinenbauer), Feldstraße 28. Wochentags 9—$12^1/_2$ und $2^1/_2$—6.

Burg: (für den Gewerkverein der Fabrik- und Handarbeiter), Grünstraße 13d.

Chemnitz: (für den Gewerkverein der Textilarbeiter), Senefelderstraße 32.

Danzig: (für den Gewerkverein der Holzarbeiter), Wallgasse 21. Wochentags 8—1 und 3—7. Sonntags 8—9.

Dortmund: (für den Gewerkverein der Maschinenbauer), Krimstraße 7. Wochentags 11—1. Sonntags 11—12.

Dresden: (für den Ortsverband), Falkenstraße 4.

Elbing: (für den Gewerkverein der Maschinenbauer), Holländer Chaussee 19.

Erfurt: (für den Gewerkverein der Maschinenbauer), Blumentalstraße 1. Wochentags 9—1.

Essen: (für den Ortsverband), Frohnhauser Straße 53.

Forst: (für den Gewerkverein der Textilarbeiter), Leipziger Straße 6. Wochentags 9—1 und 3—7. Sonntags $11^1/_2$—1.

Gleiwitz: (für den Gewerkverein der Maschinenbauer), Lindenstraße 8. Wochentags 12—2. Sonntags 10—2.

Görlitz: (für den Gewerkverein der Maschinenbauer), Leipziger Straße 15.

Hagen (Westf.): (für den Gewerkverein der Maschinenbauer), Weststraße 2.

Hamm (Westf.): (für den Gewerkverein der Maschinenbauer), Wilhelmstraße 15.

Hamm (Westf.): (für den Gewerkverein der Bergarbeiter), Viktoriastraße 117.

Hannover: (für den Gewerkverein der Maschinenbauer), Gerberstraße 24.

Kattowitz: (für den Gewerkverein der Maschinenbauer), Hohenzollernstraße 3. Wochentags 9—1 und 3—6.

Köln: (für den Gewerkverein der Maschinenbauer), Severinstraße 156. Wochentags 9—11 und 4—8.

Leipzig: (für den Gewerkverein der Maschinenbauer), Seeburgstraße 25/27.

Mannheim: (für den Gewerkverein der Maschinenbauer), U 4. 18, II. Wochentags10—1 und 5—7.

M.-Gladbach: (für den Gewerkverein der Textilarbeiter), Lürripper Straße 180. Wochentags 8—12 und 2—6.

Oberhausen: (für den Gewerkverein der Bergarbeiter), Bellemestraße 67. Wochentags $6^1/_2$—$8^1/_2$ abends.

Siegen: (für den Ortsverband Siegen), Sandstraße 54. Wochentags 9—11 und 3—7. Sonntags 10—11.

Spremberg: (für den Ortsverband Spremberg), Jägerstraße 6.

Stettin: (für den Gewerkverein der Schneider), Friedrich-Karl-Straße 25.

Stettin: (für den Gewerkverein der Maschinenbauer), Fichtestraße 11.

Stuttgart: (für den Gewerkverein der Maschinenbauer), Brunnenstraße 53a.

Ulm: (für den Gewerkverein der Holzarbeiter), Neithardtstraße 14.

Waldenburg: (für den Gewerkverein der Fabrik- und Handarbeiter), Sandstraße 9.

Wanne: (für den Gewerkverein der Bergarbeiter), Bahnhofstraße 207.

Wanne: (für den Gewerkverein der Fabrik- und Handarbeiter), Bahnhofstraße 174.

Weißenfels: (für den Gewerkverein der Schuhmacher), Leipziger Straße 26. Wochentags 8—1 und 3—7.

3. Auskunftsbureaus:

Bitterfeld: (für den Ortsverband der deutschen Gewerkvereine), Weinbergstraße 11. Wochentags von 6 Uhr ab. Sonntags 9—12 vormittags.

Chemnitz: (für den Ortsverband der deutschen Gewerkvereine), Lutherstraße 74. Wochentags 7—8. Sonntags 10—12.

Döbeln: (für den Ortsverband der deutschen Gewerkvereine), Staupitzsteg 1. Wochentags 6—8. Sonntags 9—11.

Fürth: (für den Ortsverband der deutschen Gewerkvereine), Alexanderstraße 25. Wochentags 1—3 und $7^1/_2$—$8^1/_2$. Sonntags 9—11.

Großenhain: (für den Ortsverband der deutschen Gewerkvereine), Dresdener Straße 5.

Halle a. S.: (für den Ortsverband der deutschen Gewerkvereine), Zwingerstraße 25. Wochentags 6—8 abends. Sonntags 8—10.

Hamburg: (für den Ortsverband der deutschen Gewerkvereine), Schäferkampsallee 35. Wochentags $6^1/_2$—9. Sonntags 10—12.

Hannover: (für den Ortsverband der deutschen Gewerkvereine), Bahrenwalder Straße 39a. Montag und Freitag 7—8 abends.

Oldenburg: (für den Ortsverband der deutschen Gewerkvereine), Klaevermannsstift 16. Wochentags 6—8 abends.

Plauen: (für den Ortsverband der deutschen Gewerkvereine), Pestalozzistraße 58. Wochentags 8—9 abends. Sonntags 11—12.

Posen: (für den Ortsverband der deutschen Gewerkvereine), St.-Martinstraße 47. Donnerstag 7—8. Sonntag 10—$11^1/_2$.

Stettin: (für den Ortsverband der deutschen Gewerkvereine), Burscherstraße 8, Hof. Wochentags 7—9. Sonntags 9—12.

Thorn: (für den Ortsverband der deutschen Gewerkvereine), Culmer Chaussee 52. Wochentags $6^1/_2$—8, außer Sonnabends. Sonntags 9—11.

X. Bund der Landwirte,

Berlin SW 11, Dessauer Straße 26.

Der Bund der Landwirte erteilt Mitgliedern Auskunft auf Anfragen in Rechtsangelegenheiten kostenfrei gegen Erstattung des Portos. Jeder einzelnen Anfrage sind 20 Pf. in Briefmarken beizufügen. Angelegenheiten, zu denen Aktenstudium, eingehende Prüfung verwickelter Rechtslage nötig ist, Wahrnehmung von Terminen, Führung von Prozessen sind ausgeschlossen. Die Rechtsanfragen können entweder direkt an den Bund der Landwirte oder an eine der folgenden Geschäftsstellen gerichtet werden:

Königsberg i. Pr.: Kaiserstraße 38.
Stettin: Elisabethstraße 13.
Posen: Tiergartenstraße 13.
Breslau: Flurstraße 3.
Hannover: Gerberstraße 3a.

Bielefeld: Herforder Straße 56.
Cöln: Machabäerstraße 3.
Kiel: Sophienblatt 7.
Freiberg i. Sa.: Reitbahnstraße 1.
München: Kapuzinerstraße 45.
Kulmbach: Luitpoldstraße 5.
Nürnberg: Vestnertorgraben 53.
Würzburg: Marienstraße 4.
Stuttgart: Reinsburgstraße 77.
Frankfurt a. M.: Untermainkai 83.
Münster am Stein.
Karlsruhe i. B.: Ettlinger Straße 37.
Straßburg i. Els.: Ferkelmarkt 8.

Andere landwirtschaftliche Rechtsauskunftstellen sind ausnahmslos am Sitze jeder Landwirtschaftskammer eingerichtet.

XI. Arbeitersekretariate der Gewerkschaften Deutschlands.

(Die mit einem * bezeichneten sind Sekretariate des Bergarbeiterverbandes)

Zentral-Arbeitersekretariat, Berlin SO 16, Engel-Ufer 15, Telefonanschluß Moritzplatz, 14851/14852.

Rechtsbeistand für jedermann unentgeltlich. Nur selten wird eine geringe Pauschgebühr erhoben.

1. Aachen*: Thomashofstraße 21.
2. Altenburg (S.-A.): Frauenfelsstraße 4, I.
3. Ansbach: Emil Pörschmann, Platenstraße 6.
4. Arnstadt: Tambuchstraße 2.
5. Aschaffenburg: Riesengasse 5 a.
6. Aschersleben: Herrenbreite 4.
7. Augsburg: Unteres Kreuz F. 313.
8. Bad Reichenhall: Poststraße 13/2.
9. Bamberg: Mühlwört 7.
10. Barmen-Elberfeld: Alleestraße 237, I.
11. Bayreuth: Blumenstraße 22.
12. Berlin SO 16: Engelufer 15, I, Tel.-Nr. Moritzplatz 3733.
13. Bernburg: Gewerkschaftshaus, Schulstraße 17.
14. Bielefeld: Marktstraße 8, II.
15. Bochum: Wiemelhauser Straße 38a. Tel.-Nr. 593.
16. Brandenburg a. H.: Neustädter Markt 2.
17. Braunschweig: Schloßstraße 2, I.
18. Bremen: Faulenstraße 58/60.
19. Bremerhaven: Deichstraße 55 (Haus „Eintracht").
20. Breslau: Margaretenstraße 17.
21. Bromberg: Jakobstraße 17.

22. Burg: Bez. Magdeburg, Magdeburger Straße 46. Tel.-Nr. 672.
23. Cassel: Obere Carlstraße 17, I.
24. Castrop*: Ph. Hermes, Widumerstraße 40.
25. Chemnitz: Zwickauer Straße 152. Tel.-Nr. 3356.
26. Coburg: Rosengasse 1.
27. Cöln a. Rh.: Severinstraße 199/201, I, Zimmer 6—8.
28. Cottbus: Bellevuestraße 7.
29. Crefeld: Albrechtsplatz 1.
30. Danzig: Schüsseldamm 56.
31. Darmstadt: Bismarckstraße 19.
32. Dessau: Askanische Straße 107.
33. Dortmund: Leibnizstraße 20, II.
34. Dresden: Ritzenbergstraße 4, I. Tel.-Nr. 9690.
35. Döhlen: Bez. Dresden, Tharandter Straße 78 K.
36. Düsseldorf: Wallstraße 10, I. Tel.-Nr. 6996.
37. Duisburg: Marienstraße 29.
38. Erfurt: Magdeburger Straße 51. Tel.-Nr. 2428, 2439.
39. Erlangen: Waldstraße 23.
40. Essen: Turmstraße 4.
41. Eßlingen a. Neckar: Kiesstraße 32.
42. Flensburg: Schloßstraße 42, I.
43. Forst i. L.: Leipziger Straße 8, I.
44. Frankfurt a. M.: Stoltzestraße 17, pt.
45. Freiburg i. Br.: Ph. Martzloff, Predigerstraße 3.
46. Freiburg i. Schles.: Landeshuter Straße 13.
47. Fürth: Hirschenstraße 24, pt.
48. Gelsenkirchen I: Luitpoldstraße 53.
49. Gera (Reuß): Steinweg 5, III.
50. Gladbeck*: Kaiserstraße 37.
51. Görlitz: Louisenstraße 8, rechtes Seitengeb., I.
52. Gotha: Mohrenstraße 18, I.
53. Guben: Lange Straße 4. Tel.-Nr. 340.
54. Hagen i. W.: Kölner Straße 3a.
55. Halberstadt: Gerberstraße 15.
56. Halle a. d. S.: Harz 42/43.
57. Hamborn*: Ranenbergstraße 52, pt. Tel.-Nr. 374.
58. Hamburg I: Besenbinderhof 57, II. Gruppe III, Tel.-Nr. 9059.
59. Hamm i. W.: Nassauer Straße 20.
60. Hanau: Mühlstraße 2a.
61. Hannover: Nikolaistraße 7, I.
62. Harburg a. E.: Großer Schippsee 18.
63. Heidelberg: Augustinergasse 5, Tel.-Nr. 1334.
64. Helbra* (Mansf. Seekr.): Ziegelräderstraße 20.
65. Herford: Hämelinger Straße 5.
66. Hildesheim: Goschenstraße 24, pt.
67. Hof in Bayern: Lorenz 23.
68. Jena: Teichgraben 4, I.

69. Iserlohn: Hohlerweg 20.
70. Itzehoe: Heinrichstraße 6.
71. Karlsruhe: Wilhelmstraße 47.
72. Kattowitz (O.-Schl.): Holtzestraße 37.
73. Kempten (Algäu): Bürgersaal II, Tel.-Nr. 703.
74. Kiel: Fährstraße 24, pt. rechts.
75. Königsberg i. Pr.: Brodbänkenstraße 10a.
76. Kronach: Kirchenplatz 74.
77. Landeshut i. Schl.: Gasthof „Zur Sonne", II.
78. Lauban i. Schl.: Breite Straße 23.
79. Leipzig: Zeitzer Straße 32. Tel.-Nr. 5697.
80. Liegnitz: Klosterstraße 8.
81. Luckenwalde: Karlstraße 56.
82. Lübeck: Johannisstraße 48, pt.
83. Lüdenscheid: Schillerstraße 7.
84. Ludwigshafen a. Rh.: Maxstraße 65.
85. Lugau i. S.*: Stollberger Straße 46.
86. Lünen a. d. Lippe*: Münsterstraße 70, II. Tel.-Nr. 272.
87. Magdeburg: Gr. Münzstraße 3, I.
88. Mainz: Zanggasse 13, Hths. II.
89. Mannheim: F. 4, 8.
90. Marktredwitz 377.
91. Meißen: Martinstraße 6. Tel.-Nr. 124.
92. Metz: C. Becker, Metz-Sablon, St. Petersstraße 1.
93. Minden i. W.: K. Litzinger, Opferstraße 8.
94. Mülhausen i. Els.: Dornacher Straße 3.
95. M.-Gladbach: Königstraße 13.
96. München 1: Pestalozzistraße 40/42.
97. Neumünster: Fabrikstraße 32.
98. Neurode i. Schl.: Schuhmacherstraße 316.
99. Nordhausen: Hesseröder Straße 15.
100. Nürnberg: Breite Gasse 25/26, Mittelbau, I. Tel.-Nr. 2307.
101. Oberhausen (Rhld.)*: Moltkestraße 60. Tel.-Nr. 1072.
102. Offenbach a. M.: Austraße 9, II.
103. Oldenburg i. Gr.: Kurwick 2, II.
104. Osnabrück: Breiter Gang 6.
105. Pforzheim: Östl. Karl-Friedrich Straße 37.
106. Pirna: Volkshaus, Reitbahnstraße 3, I.
107. Plauen i. V.: Königstraße 12.
108. Plettenberg i. W.: J. Kurth, Kirchplatz 8.
109. Posen O: Bäckerstraße 17.
110. Recklinghausen*: Vörsterweg 34a.
111. Reichenhall: Blaue Traube.
112. Remscheid: Kirchhofstraße 6.
113. Rosenheim: Sterngarten.
114. Rostock: Doberaner Straße 6.
115. Rudolstadt: Lengefeldstraße, Rest. Gambrinus.

116. Rüstringen-Wilhelmshaven: Peterstraße 22.
117. Saarbrücken 3: Gerberstraße 24.
118. Schweinfurt: Manggasse 18½.
119. Senftenberg*: Elsterstraße 5.
120. Solingen: Kölner Straße 45 (Gewerkschaftshaus).
121. Stettin: Beutlerstraße 8, II.
122. Straßburg i. Els.: Langstraße 56, I.
123. Stuttgart: Nadlerstraße 3, I.
124. Vegesack: Gerhard-Rohlfs-Straße 52. Tel.-Nr. 162.
125. Waldenburg i. Schl.*: Friedländer Straße 28.
126. Weißenfels: F. Geppert, Dammstraße 18 pt.
127. Wiesbaden: Wellritzstraße 41, II.
128. Worms: Gaustraße 20.
129. Würzburg: Semmelstraße 46, I.
130. Zeitz*: Herm. Weikart, Nordstraße 4.
131. Zwickau*: Ant. Strunz, Richardstraße 15.

XII. Rechtsschutzsekretariate der Polnischen Berufsvereinigung.

Kattowitz: Beatestraße 23. Sekretär Adolf Ligon.
Königshütte: Güttlerstraße 2. Sekretär J. Michalski.
Beuthen (O.-S.): Gräupnerstraße 9. Sekretär Alois Kot.
Zabrze: Alsenstraße 1. Sekretär P. Dubiel.
Posen: Wilhelmplatz 17. Sekretär W. Folleher.
Thorn-Mocker: Bergstraße 26. Sekretär A. Czarnecki.
Berlin: Lange Straße 6. Sekretär Anton Gwizdek. Tel.-Nr. Kgstdt. 10956.
Senftenberg (N.-L.): Calauer Straße 7. Sekretär J. Bogajewski.
Bochum: Klosterstraße 4. Sekretär J. Guzy.
Recklinghausen-Süd: Bochumer Straße 118. Sekretär Fr. Kolpacki.
Oberhausen (Rhld.): Blumentalstraße 24. Sekretär A. Latuszewski.
Wanne: Heidstraße 115, Sekretär A. Swiniarski.

Rechtsschutz wird nur Verbandsmitgliedern erteilt, und zwar vollständig unentgeltlich. Auch werden bei einem etwaigen Verfahren die Kosten für Anfertigung der Schriftsätze usw. nicht in Ansatz gebracht.

Druck der Spamerschen Buchdruckerei in Leipzig

GPSR Compliance

The European Union's (EU) General Product Safety Regulation (GPSR) is a set of rules that requires consumer products to be safe and our obligations to ensure this.

If you have any concerns about our products, you can contact us on ProductSafety@springernature.com

In case Publisher is established outside the EU, the EU authorized representative is:

Springer Nature Customer Service Center GmbH
Europaplatz 3
69115 Heidelberg, Germany

Batch number: 10844627

Printed by Printforce, the Netherlands